Fabian Soethof
VÄTER KÖNNEN DAS AUCH!

Fabian Soethof

VÄTER KÖNNEN DAS AUCH!

Es ist Zeit, Familie endlich gleichberechtigt zu leben

Kösel

Sollte diese Publikation Links auf Webseiten Dritter enthalten, so übernehmen wir für deren Inhalte keine Haftung, da wir uns diese nicht zu eigen machen, sondern lediglich auf deren Stand zum Zeitpunkt der Erstveröffentlichung verweisen.

Penguin Random House Verlagsgruppe FSC® N001967

Copyright © 2022 Kösel-Verlag, München,
in der Penguin Random House Verlagsgruppe GmbH,
Neumarkter Str. 28, 81673 München
Lektorat: Dr. Daniela Gasteiger
Umschlag: zero-media.net, München
Umschlagmotiv: Hella Wittenberg
Satz: Satzwerk Huber, Germering
Druck und Bindung: CPI books GmbH, Leck
Printed in Germany
ISBN 978-3-466-31172-9
www.koesel.de

Inhalt

Ich danke meiner Frau für ihr jahrelanges Aushalten meiner teils kläglichen Versuche, allen gerecht werden zu wollen – und dafür, dass ich ohne sie nicht mal angefangen hätte, über Themen wie die hier beschriebenen nachzudenken. Ich danke meinen wilden Kindern dafür, dass sie so wunderbar sind, wie sie sind – und mein Leben weniger egozentrisch, durchaus anstrengender, aber auch sinnvoller und lustiger gemacht haben.

Vorwort und Ausgangslage

Früher war nicht alles besser, Familienstrukturen waren aber durchschaubarer: Der Vater ging zur Arbeit, die Mutter dem Haushalt nach, die Kinder ihr allein auf die Nerven. Die Aufgaben waren klar verteilt. Frauen und Männer taten vielleicht nicht das, was sie wollten. Aber das, was von ihnen erwartet wurde. Diese Zeiten sind leider nur teilweise vorbei. Immer weniger Väter wollen abwesend sein, immer mehr Mütter wollen immer früher wieder erwerbsarbeiten. Die heutige Generation von Vätern ist die erste, die nicht mehr nur finanzielle Verantwortung zu Hause übernehmen soll und will. Viele Paare wollen gleichberechtigter leben, als ihre Eltern es getan haben. Politik, Wirtschaft und Gesellschaft erlauben es ihnen zunehmend, aber längst nicht zufriedenstellend. Trotz Elterngeld, Elternzeit, Teilzeitmodellen und Vereinbarkeitstagungen bleiben Fragen wie: Lassen sich »Kinder und Karriere«, wie es so oft heißt, jemals wirklich zusammenbringen? Inwiefern lassen Gesellschaft, Arbeitgeber*innen und eingefahrene Rollenbilder diesen Wandel zu? Warum wäre er so wichtig? Wie kann ich meinen Teil dazu beitragen? Was bedeutet der bisher oft noch vorrangig unter Müttern diskutierte Begriff des Mental Load – und warum geht er vor allem auch Männer und Väter etwas an? Und da es im Zuge der Corona-Krise vor allem wieder Frauen waren, die in sogenannten systemrelevanten Berufen und mit der Familienorganisation den gesellschaftlichen und privatpolitischen

Laden schmissen: Wirft das Virus auch die Gleichberechtigung zurück? Oder entsteht gar eine Chance auf Fortschritt?

Ich finde, es braucht ein Plädoyer für eine private, gesellschaftliche und politische Veränderung von Familie, Arbeit, Vereinbarkeit und Rollenbildern. Das möchte ich in diesem Buch bieten. Väter sollen zu Hause nicht länger nur am Wochenende anwesend sein. Was Männer von dieser Veränderung hätten? Ich glaube fest daran, dass nicht »nur« Frauen und Kinder davon profitieren: Wer dankt es den Männern schon, wenn sie sechzig oder mehr Stunden pro Woche arbeiten? Ich will Väter dazu einladen, ihre Rolle zu reflektieren, kritisch zu hinterfragen und sich infolgedessen auch von überholten Erwartungshaltungen zu befreien. Väter müssen keine Angst verspüren, bisher als selbstverständlich wahrgenommene Privilegien abzugeben, wie das, sich nur um ihren Job zu kümmern. Sie dürfen selbstbestimmter und dadurch auch mental gesünder leben. Der Berater und Feminist Robert Franken weiß: Auch Männern geht es schlecht im Patriarchat.[1] Er meint damit unter anderem den Leistungs- und Erwartungsdruck ihrer meist männlichen Chefs, beruflich abliefern zu müssen. Ich sehe die Probleme von Frauen: die strukturelle Benachteiligung in Form von Gender Pay Gaps und Gender Care Gaps, zum Beispiel. Ich kenne aber auch die von Männern, ohne beide gleichsetzen zu wollen. Für alle Seiten sollten die Vorteile des anwesenden Vaters eigentlich selbstverständlich sein. Solange sie das nicht sind, müssen Eltern als Team und wir als Gesellschaft darüber sprechen.

Während ich diese Zeilen schreibe, sind unsere Kinder in der Schule beziehungsweise im Kinderladen. Ich habe sie gebracht, vielleicht holt meine Frau sie ab, vielleicht ich. Da können wir, anders als andere Eltern, zum Glück spontan sein. Gerade arbeiten wir beide. Warum ich das erwähne? Damit mich später niemand fragt, wie ich das geschafft habe, Arbeit, Buch und Kinder unter einen Hut zu kriegen. Wie? Ihr hättet gar nicht gefragt? Weil Männer ihr Ding doch schon immer einfach weitergemacht haben, auch nachdem sie Väter wurden? Seht ihr, schon sind wir bei einem Teil des Problems – und dessen Lösung.

Wäre ich eine Frau, wäre das garantiert die erste Frage, mindestens aber der erste Gedanke gewesen: Wie kriegt sie das bloß zusammen, Kinder und Karriere? Dass ein Mann sich kümmert, wird zu oft gar nicht mitgedacht. Und wenn doch, dann über alle Maßen und jeden Verstand: Nachdem die Astronautin Insa Thiele-Eich als erste deutsche Frau ins Weltall flog, bekam im März 2019 nicht etwa sie einen Preis für ihre Leistung, sondern ihr Mann. Die Großbäckerei Mestemacher zeichnete ihn als »Spitzenvater des Jahres« aus – einfach deshalb, weil er sich in der Zeit, in der seine Frau beruflich verreist war, um *seine* Kinder kümmerte.

Wäre umgekehrt eine Mutter für diese »Leistung« prämiert worden? Natürlich nicht. Weil es schon immer ganz normal war und ist, dass Mütter sich kümmern, wenn Männer Karriere machen. Wie bei Boris Herrmann, der als erster deutscher Hochsee-Segler im November 2020 an der als härteste Einhandregatta der Welt geltenden Vendée Globe teilnahm, trotz eines Unfalls kurz vorm Ziel Fünfter wurde und im Ziel seine Frau nach achtzig Tagen wiedersah – gemeinsam mit ihrer sieben Monate alten Tochter. Klar, wir reden hier nicht von einer Dienstreise, die sich leicht verschieben ließe, und Familie Herrmann hat das sicherlich gemeinsam geplant, aber darum geht es nicht: Wäre Herrmann eine Frau, wäre ihr die lange Abwesenheit von der Familie um die Ohren gehauen worden. Wenn der Vater aber ein paar Tage, Wochen oder Monate wegmuss, wird er wohl einen guten und wichtigen Grund haben, so die vorherrschende Denkweise. Die gesellschaftlichen Erwartungen an Väter sind, was die Care-Arbeit betrifft, so viel geringer als die an Mütter. Sie müssen dringend überholt werden.

Wenn mich jemand nach diesem Buch fragte, traute ich mich anfangs kaum, über die darin behandelten Themen zu reden. Obwohl ich mir ja wünsche und auch fordere, dass Männer und Frauen genau dies zunehmend tun. Ich traute mich nicht, weil ich auch viel von dem wiederhole, was Frauen seit Jahren oft ungehört fordern – und weil es mir vermessen schien, als Mann ein Buch über Probleme zu schreiben, von denen viele noch zuerst Frauen betreffen. Andererseits soll sich eben dies ja ändern. Frauen sollen nicht länger die Betroffenen sein. Dafür müssen auch Männer ihre Elternschaft mit- und überdenken. Ich traute mich ferner nicht, weil es sich wie eine ungewollte Selbsterhöhung anfühlt, über all das zu schreiben.

Dabei behaupte ich gar nicht, ein belesener Experte zu sein und die Superlösung in der Tasche zu haben – vielmehr will ich dieses Buch als Angebot verstanden wissen, an meinen Erfahrungen, Sichtweisen und Recherchen teilzuhaben. Vor allen Dingen aber traute ich mich nicht, weil ich mir bescheuert vorkam, über etwas zu schreiben, das selbstverständlich sein sollte. Ist es aber leider noch lange nicht. Wir sind uns doch auch einig, dass es Rassismus ist, wenn eine Black Indigenous Person of Color (BIPoC), also eine nicht-weiße Person, wegen ihrer Hautfarbe einen Job nicht kriegt. Warum aber soll es kein Problem sein, wenn Frauen bei Bewerbungen wegen ihres Geschlechts benachteiligt werden? Weil sie Mütter sind oder welche werden könnten?

Zu meiner Person: Ich bin Journalist und leite hauptberuflich die Online-Redaktion vom *Musikexpress*, einem der letzten existierenden Popmagazine in Deutschland; seit Oktober 2017 mache ich das in Teilzeit. 2013 gründete ich mit newkidandtheblog.de einen der ersten von Vätern betriebenen deutschen Elternblogs. Ich werde als Talkgast zu YouTube-Formaten über Vasektomie, zu Eltern-Podcasts, zu »Väter-Summits« als Role Model und zu Gesprächsrunden über »Mental Load aus Männersicht« geladen. Ich mache nichts

Besonderes: Ich schreibe und spreche über die Eltern- und Gesellschaftsthemen, die ich selbst erlebe und als wichtig (oder witzig) erachte. Weil ich ein Mann bin, ist das leider trotzdem etwas Außergewöhnliches.

Damit mich niemand falsch versteht: Alle Eltern sollen leben und arbeiten, wie sie wollen – wenn sie das, was sie täglich tun, denn auch *wirklich* wollen. Viele, glaube ich, möchten die Rollenbilder ihrer eigenen Eltern eigentlich gar nicht weiterführen. Allerdings sprechen sie nicht konkret darüber, treffen keine genauen Vereinbarungen und landen schneller als gedacht in vertrauten Mustern oder der Rolle, die gesellschaftlich von ihnen erwartet wird. Manche trauen sich vielleicht auch gar nicht, etwas anderes einzufordern. Niemand trägt hier irgendeine direkte, unmittelbare Schuld. Aber Veränderung beginnt mit Erkenntnis.

Mir ist bewusst, dass sich der Schwerpunkt dieses Buches auf privilegierte, heteronormative Beziehungen zwischen binären Cis-Menschen fokussiert. Ich will niemanden ausgrenzen. Da dieser Elternpaartyp aber der dominierende in Deutschland ist, ist er es auch, der zuerst überdacht und hinterfragt werden muss, um den Weg hin zu mehr Gleichstellung zu ebnen. Sonst bleibt Mainstream leider Mainstream – so wichtig es gleichzeitig ist, anders oder mehrfach Marginalisierte wie beispielsweise Menschen anderer Hautfarbe oder von Armut Betroffene mitzudenken.

Für alle Eltern gilt: Die Väterrolle befindet sich gerade grundlegend im Wandel, vielleicht so stark wie nie zuvor – und das geschieht gesamtgeschichtlich gesehen extrem rasch. Über Generationen hinweg war Vaddern der Malocher und Ernährer, und plötzlich darf und soll er auch zu Hause sein und sich um die Kinder kümmern? Ein unbedingt begrüßenswerter Fortschritt, der aber viel Umdenken verlangt: bei Passant*innen, die einen Vater mit Kinderwagen nicht gleich als großen Helden oder Arbeitslosen einordnen sollten. Im Freundeskreis, bei Verwandten und Bekannten, die sich staunende Blicke und Kommentare verkneifen müssen, wenn *er auch mal* zurücksteckt. In den Führungsetagen von Unternehmen, die Elternzeit für Väter mitbedenken sollten. Bei Instagram, wo die erfolgreichsten Eltern-Accounts immer noch die sind, in denen, auf Hochglanz poliert, überholte Rollenbilder von Wochenend-Dads und Bastelmuddis propagiert werden. Und bei den Vätern selbst.

Im »Väterreport. Update 2021« lesen wir nach: 69 Prozent der Väter von Kindern unter sechs Jahren sagen, dass sie sich gerne mehr an der Erziehung und Betreuung ihrer Kinder beteiligen möchten, »wenn sie könnten«.[2] 55 Prozent möchten etwa die Hälfte der Betreuung übernehmen. Unter anderem als Folge der Einführung des Elterngeldes 2007 – davor nahmen nur drei Prozent der Väter die damals sogenannte Erziehungszeit – gehen heute 42 Prozent der deutschen Väter in Elternzeit, übrigens »sogar« mit einer Durchschnittszeit von 3,4 Monaten[3] und damit länger als nur die obligatorischen zwei Monate, die es mindestens braucht, um Geld zu bekommen. Eine fraglos positive Entwicklung, die einerseits gut klingt. Andererseits heißt das aber, dass 58 Prozent aller Väter noch immer Vollzeit-Arbeitnehmer sind mit mindestens 38 Stunden pro Woche, die gar keine Elternzeit nehmen. Hinzu kommt: Väter in Elternzeit sind ein Phänomen der Mittelschicht. Familien mit kleinem Einkommen können sich Elterngeldbezug kaum leisten – ihr ohnehin knappes Gehalt würde nochmals reduziert, ein Polster aufzubauen ist ihnen oftmals nicht möglich.[4]

Es muss also noch viel passieren, damit Eltern in Deutschland eines Tages tatsächlich gleichberechtigt erziehen und arbeiten können. Wir müssen über Privilegien, Rollenbilder, Mental Load, Financial Load, Care-Arbeit, Arbeitszeitmodelle, Kinderbetreuung, Gender Pay Gap, Gender Care Gap, Einschnitte durch die Corona-Krise, Männlichkeit, Mental Health und die Tücken unserer Sprache reden. In diesem Buch versuche ich mich in drei Abschnitten daran. Ich werfe einen subjektiven Blick auf unser elterliches Gestern, auf das Heute und das Morgen. Wo kommen wir her? Wo stehen wir? Wo gehen wir hin? Ich porträtiere dazu in Vollzeit arbeitende Väter und Hausmänner. Ich habe mit Müttern, die sich aktiv und öffentlich für mehr Gleichberechtigung einsetzen, darüber gesprochen. Ich interviewe einen Väterforscher. Ich stelle Literatur vor, die sich aus anderer Perspektive mit ähnlichen Problemen beschäftigt. Ich zitiere (ernüchternde) Zahlen zu Care-Arbeit aus aktuellen Studien. Ich habe bei einem großen DAX-Unternehmen und im kleinen Familienbetrieb meines Vaters nachgefragt, wie dort mit Arbeitnehmer*innen, die Eltern sind oder werden, umgegangen wird – und aus welchen Gründen.

Am Ende vieler Kapitel stelle ich Fragen, Aufgaben und biete Reflexionsanreize, die mir während der Recherche selbst kamen. Ich glaube: Nur so können Väter erkennen, welche Leistung Mütter stemmen, und dass es nicht nur Eltern, sondern auch Kindern und der Gesellschaft hilft, wenn wir hinterfragen, warum wir Familienarbeit so aufteilen, wie wir sie häufig noch aufteilen. Ich jedenfalls mache den überholten Scheiß nicht länger und um jeden Preis mit. Weil ich mir mein Geschlecht nicht ausgesucht oder gar verdient habe und täglich sehe, wie viele Frauen wegen des Zufalls der Geburt strukturell benachteiligt werden. Ich will nicht nur deshalb meinen kleinen Teil zu einem dringend nötigen Wandel beitragen. Ich will, dass meine Söhne und alle Kinder selbstverständlich lernen und verinnerlichen, dass Jungs und Mädchen, Männer und Frauen, Väter und Mütter nicht pauschal so oder so sind oder zu sein haben. Sie sollen wissen, dass Frauen all das machen können, was Männer machen, und umgekehrt. Sie selbst sollen – wie ihre Eltern übrigens auch – sein dürfen, wer sie wollen. Und anderen das gleiche Recht der Selbstbestimmung zusprechen. Sie dürfen lachen, weinen, Fußball spielen, tanzen, Kleider oder Latzhosen tragen, sich in Mädchen oder Jungs verlieben. Sie sollen nur keine Arschlöcher, Patriarchen oder Kleingehaltene werden. Wenn das für alle Kinder gilt, hätten wir als Gesellschaft schon viel gewonnen.

In diesem Buch werden immer wieder Begriffe wie die folgenden fallen. An dieser Stelle werden sie kurz erklärt – ausführlicher im Teil 3 »Wo wir hingehen sollten«.[5]

Care-Arbeit und Gender Care Gap: Care-Arbeit ist in der Regel unbezahlte Arbeit in Haushalt, Kinderbetreuung, Pflege und sozialem Engagement – die mehrheitlich von Frauen übernommen wird. Hier wird strukturelle Benachteiligung messbar: Frauen verbringen unabhängig davon, ob sie auch einer bezahlten Erwerbsarbeit nachgehen, durchschnittlich 52,4 Prozent mehr Zeit damit als Männer – täglich 5,18 Stunden im Vergleich zu 2,31 Stunden.

Gender Pay Gap: Im Schnitt verdienen Frauen 18 Prozent weniger als Männer, bei vergleichbarer Tätigkeit sind es sechs Prozent.[6] Auch diese Benachteiligung ist (zu 71 Prozent) strukturell bedingt: Frauen arbeiten oft in schlechter bezahlten Berufen.

Mental Load: Unsichtbare Arbeit, die in der Regel die Organisation von Alltagsaufgaben umfasst. Wer ruft Oma an? Wer plant den nächsten Urlaub? Wer besorgt Geschenke für den Kindergeburtstag? Wer denkt an die Schulaufgaben? In den meisten Familien lautet auch hier die Antwort: Mama.

Financial Load: Pendant zum Mental Load, meint die Aufteilung des Haushaltseinkommens. Wenn zum Beispiel der Vater allein das Geld nach Hause bringt, sind beide Elternteile abhängiger: er von seinem Arbeitgeber, sie von ihrem Mann. Eine Neuverteilung durch zum Beispiel Teilzeitmodelle schafft mehr Flexibilität auf beiden Seiten – zumindest, wenn nicht wegen Jobs im Niedriglohnbereich zwei Vollzeiteinkommen benötigt werden.

WO
WIR
HERKOMMEN

Eine Kindheit unter Frauen

Ich kam 1981 am linken Niederrhein auf die Welt. Wenn ich an meine Kindheit zurückdenke, erinnere ich mich zuerst an den Garten meiner Oma Paula. Ich lebte mit meiner Mutter von Geburt an in ihrem Elternhaus, das damit auch zu meinem wurde. Oma Paula, Jahrgang 1919, Weltkriegsüberlebende, war immer da, bis sie irgendwann nicht mehr da war.

Meine sehr junge Mutter arbeitete in Vollzeit im Finanzamt, meine in der Wohnung über uns lebende Tante ebenda in Teilzeit. Ihr Mann, ein Traktormechaniker, kam jeden Abend ölverschmiert nach Hause, ich habe den Geruch bis heute in der Nase. Nach Feierabend lag er auf der Couch vorm Fernseher, rauchend. Oft kamen die Schwestern meiner Mutter und meiner Tante zu Besuch, selten die Brüder.

Mein sehr junger Vater, Gas-Wasser-Installateur, der Jahre später die Firma seines Vaters übernehmen würde, lebte im zehn Kilometer entfernten Nachbardorf auf dem Dachboden seiner Eltern. Er war selbst noch ein Kind gewesen, als ich mich als Ergebnis einer kurzen Beziehung zweier Teenager ungewollt angekündigt hatte. Unser Verhältnis war gut, ich sah ihn an den Wochenenden. Und das verband mich mit meinen Kindergarten- und Grundschulfreunden: Obwohl ihre Eltern verheiratet waren, bekamen auch sie ihre Väter nur unwesentlich häufiger zu Gesicht. Der Vater eines Freundes pendelte täglich nach Düsseldorf, während seine Mutter daheimblieb. Ein anderer Vater fuhr täglich nach Essen, während seine Frau mit reduzierten Stunden in der örtlichen Apotheke jobbte. Zwei andere Papas wiederum arbeiteten zwar im Dorf, ihre Frauen waren trotzdem Hausfrauen, die später in Teilzeit an der Grundschule aushalfen. An welche Familie ich auch denke: Ein Großteil der Eltern, die ja damals höchstens so alt waren wie ich heute, lebte die klassische Rollenverteilung. Die Frauen kümmerten sich um Kind und Haushalt, die Männer waren außer Haus, um zu arbeiten. Dass Väter sich abseits von Reparaturarbeiten und Grillen am Haushalt beteiligten, stand meist nicht zur Debatte. Einkaufen? Putzen? Windeln wechseln? Kindergeburtstagsgeschenke besorgen? Frauensache.

Wenn ich alle diese Männer und Frauen heute fragen würde, ob sie das gerne taten, würde ich wohl die gleiche, naheliegende Antwort zu hören kriegen, die mir auch meine eigene Verwandtschaft gibt: So war das halt – und finanziell doch gar nicht anders denkbar! Zum Teil höre ich diese Antwort auch in meiner Generation noch, oder nehme sie unterschwellig wahr.

Mein Vater hat sechs Geschwister, meine Mutter war das jüngste von acht Kindern. Ihr Vater starb, als sie noch ein Kind war, seitdem hielt Oma Paula die Familie mit Hilfe ihrer größeren Töchter zusammen. Haushalt, tägliches Kümmern um die jüngeren Geschwister und alles mit minimalem Einkommen – eine schöne Kindheit und Jugend sei das nicht gewesen, erinnert sich meine zweitälteste Tante Heidi. »Mir tun heute noch die Hände weh, wenn ich nur an einen Wischmopp denke«, sagt sie, die schon als Zehnjährige die Böden schrubben musste. Erledigt hat sie ihre Aufgaben trotzdem. Von ihren Brüdern verlangte niemand diese Hausarbeit; vielen anderen Mädchen wurde damals eingebläut: Du musst eh nichts lernen. Du wirst ohnehin heiraten. Meinem Opa, den ich nie kennenlernte, soll immerhin wichtig gewesen sein, dass auch seine Töchter eine Ausbildung machen.

Warum ich von alldem erzähle? Ich bin, wie der Großteil meiner Generation, unter Frauen aufgewachsen, die immer da waren, die die ihnen von Elternhaus und Gesellschaft zugetragene Rolle stets erfüllten und sich, zumindest öffentlich, nicht dagegen auflehnten. Die ihren Männern das Abendessen auf den Tisch stellten, nachdem sie sich wie selbstverständlich um drei Dutzend andere Hausarbeiten, Erledigungen und die Kinderbetreuung gekümmert hatten, die bloß eben nicht als Erwerbsarbeit durchgingen. Auch wenn sie in Teilzeit arbeiteten: Für diese Frauen waren berufliche Selbstverwirklichung und Selbstbestimmung über Jahrzehnte hinweg Fremdwörter.

Es liegt an uns, die stets als gegeben hingenommenen und durch unsere Sozialisation tief in uns verwurzelten Rollenbilder nicht unhinterfragt zu unseren eigenen zu machen. Aus Sicht unserer Eltern und Großeltern mag es ein Luxus unserer Generation sein, sich über Themen wie Gleichberechtigung überhaupt Gedanken machen zu können – gesellschaftlich ist das aber schrecklich notwendig. Weil jeder Wandel in den Köpfen und den eigenen vier Wänden beginnt.

HAUSAUFGABE

Wie wuchsen deine Eltern und Großeltern auf? Wie gefiel ihnen das damals, wie bewerten sie es heute? Frag mal nach – und lerne mehr darüber, welches Verhalten, welche Denkmuster oder Rollenbilder du vielleicht bewusst oder unbewusst übernommen hast.

Eine sehr kurze
Kulturgeschichte des Vaters

»Deutschland ist ein Land, in dem es immer noch normal ist, dass Väter Vollzeit arbeiten und Mütter nicht. Vielleicht ist es einfacher, so zu leben wie alle. Dann muss man sich nicht gegenüber Bekannten, Freunden, Eltern erklären. Sich gegen stereotype Rollenbilder zu stemmen, kostet viele Menschen möglicherweise Lebenszufriedenheit.«

Dieses Zitat stammt von Prof. Dr. Martin Schröder. Schröder ist Soziologe an der Universität Marburg und sagte diese Sätze in einem Interview, das er der Wochenzeitung *Die ZEIT* im Sommer 2018 gab.[7] Wer schon diese Einschätzung des Status quo für frustrierend bis pessimistisch hält, weil sie besagt, dass die Mehrheit deutscher Männer lieber mit dem Strom schwimmt, lese das Interview lieber nicht weiter. Doch Schröder sagt auch: Dass wir so leben, wie wir das häufig tun, bedeute nicht, »dass wir diese traditionellen Rollenbilder super finden, doch wir haben sie anscheinend in uns«. Warum ist das so? Und warum erscheint uns die als klassisch bekannte Rollenaufteilung so normal?

Zwar schildert die evolutionäre Anthropologin Dr. Anna Machin von der Universität Oxford in ihrem Buch *Vater werden* eine klassische Heldengeschichte: Früher, im Mittelpleistozän, haben Väter die

Menschheit gerettet, weil sie als Homo Heidelbergensis weiterhin jagten und sammelten, während die Mütter durch den aufrechten Gang ein schmaleres Becken kriegten und die Kinder fortan früher und hilfloser zur Welt kamen und intensivere Betreuung brauchten.[8] Wer aber jetzt denkt: »Ha, das ist der Beweis, die Natur hat unsere vorherrschende Rollenverteilung so vorgesehen!«, irrt. Erstens ist dieser aus purem Überlebensdrang entstandene Pragmatismus 500.000 Jahre her. Evolution bedeutet Veränderung, und wenn wir ernsthaft da stehen blieben, wo unsere Vorfahr*innen einst standen, würden wir nicht 80 Jahre alt, hätten kein Kinn, keine Smartphones und kein Netflix. Und das kann nun wirklich niemand wollen.

Außerdem fanden Forscher*innen 2013 in der archäologischen Stätte Wilamaya Patjxa in den Anden auf einer Höhe von 4.000 Metern rund 9.000 Jahre alte Skelette von Jägern – so glaubten sie zumindest.[9] Die vergleichsweise leichten und kleineren Knochenreste machten aber stutzig: Handelte es sich bei den Funden etwa um Überreste von Frauen? Das würde ja unser gesamtes patriarchales Fundament des Jägers und Beschützers in einen Mythos verwandeln! Und siehe da: Untersuchungen von Zahnschmelz ergaben, dass die mutmaßlichen Jäger tatsächlich Jägerinnen waren. »Die Aufteilung der Arbeit nach Geschlechtern scheint in der Vergangenheit unter Jägern und Sammlern viel abgeschwächter oder gar nicht vorhanden gewesen zu sein«, schlussfolgert Randall Haas, Assistenzprofessor für Anthropologie und Hauptautor der 2020 veröffentlichten Studie *Female hunters of the early Americas*.[10] Wie das soziale Leben in den Gruppen damals im Detail organisiert war, sei zwar weitgehend unbekannt. Denkbar sei aber, dass nicht jede biologische Mutter ausschließlich die eigenen Kinder versorgte, sondern auch anderen Aufgaben nachging.

Möglich ist das in jedem Fall: Der Psychologe und Väterforscher Prof. Dr. Andreas Eickhorst von der Hochschule Hannover erklärt mir im Gespräch, Rollenverteilungen seien immer schon kulturelle und gesellschaftliche Entscheidungen gewesen. Rein biologisch hätten Mütter und Väter die nahezu gleichen Fähigkeiten im Umgang mit Kindern. Klar, Väter können nicht gebären und mit der Brust stillen. Alles andere, so Eickhorst, können Väter aber auch: »Erziehung, Pflege, Babytalk, Bindungsaufbau – da macht die Natur keinen Unterschied. Sie hat es allen Geschlechtern ermöglicht.«

Hört, hört: Es liegt also entgegen der landläufigen Meinung nicht in unserer Natur, dass Frauen sich einfach besser um Babys und Haushalt kümmern können. Bleibt die Sozialisation. Und deren Veränderung ist träge.

Der 1948 geborene (und 2019 verstorbene) dänische Familientherapeut und Bestseller-Autor Jesper Juul deutete in seinem 2011 erschienenen Buch *Mann & Vater sein* an, warum selbstverständlichere Väter noch nicht in der Mitte unserer Gesellschaft angekommen sind.[11] Er schrieb: »Wir alle haben die Tendenz, das Verhalten unserer Eltern zu wiederholen, selbst wenn wir sehr darunter gelitten haben oder wir das Verhalten unserer Eltern auf einem intellektuellen Niveau sogar scharf kritisieren – wir wiederholen es trotzdem.«

Abwesende Väter waren zumindest in der westdeutschen Nachkriegsgesellschaft eher die Regel als die Ausnahme. Wegen Abhängigkeiten, Überlebensnotwendigkeiten, Traditionen. Die Aufweichung eines Familienmodells, in dem der Mann als Hauptverdiener fungierte und die Frau maximal als Zuverdienerin, war in der Bundesrepublik eine zähe Angelegenheit. Erst eine Reform des Ehe- und Familienrechts 1977 entfernte die Aufgabenverteilung der Geschlechter aus dem Gesetz und etablierte dort ein partnerschaftliches Verständnis von Ehe. Zuvor war die Frau nur berechtigt, erwerbstätig zu sein, wenn dies mit ihren Pflichten in Ehe und Familie »vereinbar« war, wie es im »Gesetz über die Gleichberechtigung von Mann und Frau auf dem Gebiet des bürgerlichen Rechts«

hieß, das am 1. Juli 1958 in Kraft trat.[12] Auch das Ehegattensplitting ist nicht zuletzt vor dem Hintergrund dieses konservativen Familienbildes zu sehen – genauer nachzulesen in Teil 3. Forscher*innen der Bertelsmann-Stiftung machen unter anderem »Fehlanreize« wie das Splitting dafür verantwortlich, dass die Beharrungskräfte bei den Rollenbildern stark geblieben sind.[13] Zwar stellte der gesellschaftliche Wandel seit den 1960er-Jahren in Westdeutschland bisherige Muster durch zunehmenden Wohlstand und emanzipatorische Bewegungen immer mehr infrage, aber das hieß noch lange nicht, dass der Patriarch den Patriarchen sein ließ und ein anwesenderer Vater wurde. Denn die Grundkonstellation vieler Familien blieb ähnlich: Vater Vollzeit, Mutter Teilzeit. 2019 gaben nur sieben Prozent der erwerbstätigen Väter an, in Teilzeit zu arbeiten.[14] In welche Fußstapfen sollten sie auch treten? Andere als die klassischen Vorbilder gab es kaum. Sie fehlen oft bis heute.

Für Juul ist aus historischer Sicht nicht verwunderlich, dass Männer Verunsicherung, Angst und sogar Widerwillen verspüren, wenn sie Väter werden. Ihr Hintergrund und Erfahrungsschatz sei arm und sie stünden Frauen gegenüber, die immer stärker, selbstständiger und fordernder geworden seien. Diese Einschätzung klingt auf den ersten Blick leider nicht nur wie eine Entschuldigung für Männer, weiterzumachen wie bisher – sie kommt auch einer subtilen Unterstellung nahe, Frauen wollten zu viel. Und das, obwohl sie nur ein größeres Stück von dem Kuchen abhaben wollen, den Männer bisher allein verputzt haben.

Könnten »wir« Männer also einfach so weiterleben wie bisher? Zum Überleben würde es reichen. Zum besseren, erfüllteren und selbstbestimmteren Leben nicht. Und das ist doch das, was wir alle wollen, oder? Und wenn selbst unser Bild von frühmenschlicher Geschichte, dem ach so archaischen Ursprung, ein überholtes ist, warum nicht dann auch unser heutiges?

»Pappa ante portas«: Arbeit, Wahn, Sinn und Anstrengungsvermeidung

Bei Jack Nicholsons Figur Jack Torrance in »The Shining« kommt die Einsicht zu spät. Als er den Satz »All work and no play makes Jack a dull boy« manisch immer und immer wieder in seine Schreibmaschine haut, ist er längst von allen guten Geistern verlassen. Muss es bei uns auch so weit kommen? Müssen wir Männer erst wahnsinnig oder sehr alt werden, um einzusehen, dass Arbeit allein das Leben nicht erfüllt? Und dass wir mit diesem Immer-Weitermachen nicht nur uns, sondern auch unsere Partner*innen krank machen und damit unsere Gesellschaft ausbremsen? Gut, Kindererziehung und -bespaßung rund um die Uhr treibt Elternteile mitunter auch in den Wahnsinn, aber das ist ein anderes Thema (in den meisten Familien immer noch eines der Frau).

Dass Ehe und Erziehung damals, in der Generation unserer Eltern, überhaupt so funktionierten, wie sie nun mal funktionierten, lag auch an anderen Familienstrukturen als den heutigen: Selbst die klassische Kleinfamilie lebte oft umgeben von ihrer Großfamilie. So wie bei mir im Dorf immer jemand da war, der einspringen konnte, Oma, Tante, Nachbarin, so haben auch – um mich doch einmal auf unsere Vorfahr*innen zu berufen – vor Tausenden von Jahren wahrscheinlich nicht einzelne Mütter auf ihre Kinder aufgepasst, sondern

Gruppen. Der Spruch »Es braucht ein Dorf, um ein Kind großzuziehen« kommt schließlich nicht von ungefähr. Weil dieses Kooperationsmodell heute nicht mehr selbstverständlich ist und vor allem Eltern in Großstädten fehlt, hat die Pädagogin, Familienbegleiterin und Autorin Susanne Mierau schon 2013 ausgerufen: »Bildet Online-Clans!«[15] Sie rät Eltern, denen die Unterstützung vor Ort fehlt, sich gegenseitig in Eltern-Bubbles zu suchen, zu finden und zu empowern, über Blogs oder auf Social-Media-Plattformen wie Instagram. Dass die moderne Mutter heute mit der Kindererziehung allein ist, ist nicht nur wegen fehlender Nähe zur eigenen Verwandtschaft kein Wunder. Die beständig wachsenden eigenen und fremden Ansprüche, dass vor allem Mütter alles sein und können sollen,[16] kommen erschwerend hinzu – vor allem aber der Druck der Arbeitswelt. Ob nun ihrer eigenen oder der ihres Partners.

Im 20. Jahrhundert arbeiteten Männer noch deutlich mehr als heute. Nach dem Zweiten Weltkrieg lag die wöchentliche Arbeitszeit bei 48 Stunden (sechs Arbeitstage à acht Stunden). Wegen guter Konjunktur, Lohnerhöhungen durch Gewerkschaftsverhandlungen und unter dem aus heutiger Sicht absurd klingenden Slogan »Samstags gehört Vati mir« kam es in den 1960er-Jahren zur Einführung der Fünftagewoche mit vierzig Stunden wöchentlicher Standard-Arbeitszeit. Es verbesserte sich also durchaus etwas. Zum vermeintlichen Wohle der Kinder und Familien, aber nur mittelbar aus Rücksicht auf die Frauen.

Heute sind wir uns einig, dass vierzig Stunden Arbeit pro Woche immer noch sehr viel sind. Studien besagen, dass dieses Modell nicht zwingend die produktivsten Mitarbeiter*innen hervorbringt.[17] Dabei könnten wir auch anders: Es gibt inzwischen gute Gründe, die etwa für ein bedingungsloses Grundeinkommen, mindestens aber für eine Verkürzung der Arbeitszeit bei finanziellem Ausgleich sprechen. Männer arbeiten nach der Geburt ihres ersten

Kindes in der Regel allerdings mehr. Viele, vor allem Geringverdiener, müssen das vielleicht tun. Sie können sich finanziell keine Elternzeit und gemeinsamen Elternmonate leisten, weil ihr Einkommen dann nochmals schrumpft. Manche Väter fühlen sich sicher auch in alte Ernährer-Rollen zurückversetzt. Wir erinnern uns an das Zitat von Martin Schröder, den Soziologie-Professor an der Universität Marburg. Seine Forschung ergab auch, dass die meisten Väter sogar glücklicher sind, wenn sie noch mehr arbeiten als vor der Geburt ihres ersten Kindes.[18] Es wird noch schräger: Den Müttern spielt dies, zumindest statistisch, in die Hände. Laut einer von Schröder ausgewerteten und unter dem Titel *Wann sind wir wirklich zufrieden?* veröffentlichten Langzeitstudie, in der über dreißig Jahre hinweg 80.000 Menschen befragt wurden, seien Mütter zufriedener, wenn der Vater aus dem Haus ist. Zudem wollen sie angeblich gar nicht mehr arbeiten, selbst wenn sie könnten. In einem Interview mit *Deutschlandfunk Kultur* gibt Schröder zu, dass ihm viele der Ergebnisse selbst unangenehm seien.[19] »Als Soziologe ist man meist Teil eines linksliberalen, grünen Milieus«, sagt er darin, und vieles, was die Untersuchung hervorgebracht habe, passe nicht unbedingt zu dieser Sichtweise.

Wie sind solche Ergebnisse möglich? »Am besten passt das Erklärungsmuster der traditionellen Rollentheorie. Die argumentiert, dass die traditionelle Rolle für Männer die des Familienernährers und Vollzeitarbeiters ist. Männer scheinen sich in dieser Rolle am wohlsten zu fühlen. Das heißt aber nicht, dass es direkt die Arbeitsstunden sind, die Männer zufrieden machen«, erklärte Schröder schon 2018, und sagt dann die entscheidenden, bereits zitierten Sätze, laut denen es einfacher ist, so zu leben wie alle.[20]

Aus psychologischer Sicht kann Andreas Eickhorst einordnen, warum ein Wandel unserer Rollenbilder nur schleppend vorangeht – sein Stichwort lautet »Anstrengungsvermeidung«: Das

Bekannte und Tradierte falle immer leichter, weil wir dafür Vorbilder und Routinen haben. Die Karriereorientierung verschwinde nicht. Männer gingen immer noch gerne arbeiten und wollten beruflich erfolgreich sein. »Frauen sicherlich auch – Arbeitgeber aber erwarten noch immer zuerst von Männern, dass sie weiterhin gut arbeiten«, kommentiert Eickhorst. »Wir wollen Dinge überwinden, die gleichzeitig bleiben«, sagt er. Männer wollen demnach weiterhin dem Arbeitgeber, aber auch ihrer Familie genügen. Sie wollen im Rahmen aller Möglichkeiten allen Anforderungen gerecht werden. Gesundheit und Selbstfürsorge blieben dabei oft auf der Strecke.

Ein Grund, es nicht anders zu machen als bisher, sei selbst bei einfühlenden Männern oft Bequemlichkeit: Die Frau kann halt stillen und ich nicht, denken sie, und »mein Arbeitgeber macht mehr Theater als der meiner Frau«. Eickhorst verteidigt diese Denkweise nicht, kann sie aber psychologisch verstehen: Wenn zu viele Anstrengungen in einer eh schon anstrengenden Zeit mit kleinem Kind kommen, sagt er, sei diese Vermeidung ein Stück weit nachvollziehbar. Man müsse sehr viel psychische Mühe aufbringen, wenn man es an allen Fronten anders machen will. Dass es nicht um die Bedürfnisse des Vaters allein geht, ist dem Väterforscher bewusst: »Neben dem, was der Mann bewusst oder unbewusst mit sich selbst auskämpfen muss – seine Erwartungen, Rollen, Prägungen, Wünsche und Ängste –, gibt es auch noch die Frau. Frauen kann man genauso wenig über einen Kamm scheren wie Männer.« Ein immer wieder auftauchendes Muster aber laute: »Die Frau will auch arbeiten gehen, der Mann darf sich nicht länger aus der Mitverantwortung herausziehen.«

Es klingt widersprüchlich: Der durchschnittliche Vater und die durchschnittliche Mutter orientieren sich zuerst an fremden Erwartungshaltungen anstatt den eigenen? Das finde ich befremdlich: Gewinnen wir modernen Eltern, gerade in urbanen, liberalen Milieus, unsere Selbstbestätigung nicht gerade daraus, auch nach außen hin fortschrittlich zu leben? Muss man die Eltern und die Gesellschaft doch zu ihrem Glück zwingen und alle Väter gleichzeitig in Teilzeit, mindestens aber in eine verpflichtende Elternzeit schicken? Damit das vermeintlich Ungewöhnliche gewöhnlich wird? Damit sie nicht wie Loriots Heinrich Lohse in »Pappa ante portas« erst zu Hause bleiben, wenn der Chef sie aus dem Büro wirft? Aber das gliche ja einer Bevormundung, würden sogleich Stimmen laut werden. In Teil 3 dieses Buches führe ich aus, welche Veränderungen nötig sind, um eine Neuverteilung von Eltern- und Arbeitszeiten zu erreichen und Schieflagen wie den Gender Care Gap und den Financial Load auszubalancieren. Dabei geht es nicht um Zwänge, aber um wirksame Hebel und sinnvolle Anreize.

HAUSAUFGABE:

Warum arbeitet ihr so viel, wie ihr arbeitet? Aus finanziellen Gründen? Wegen Karriereabsichten? Aus Gewohnheit? Wegen der Erwartungshaltung anderer? Ginge es auch anders? Wer würde davon inwiefern profitieren?

Nachgefragt: Ein Vater, ein Vollzeitarbeitnehmer

Daniel Höfelmann und ich kennen uns seit über 20 Jahren. Er besuchte die Jahrgangsstufe über mir auf dem benachbarten Gymnasium. Uns verband nicht nur der Niederrhein, das Altbier, ein gemeinsamer Freundeskreis oder unsere Vorliebe für blöde Witze, sondern auch die für Indierockmusik. Er las den *Rolling Stone* und den *Musikexpress*, ich die *Visions*. Gegenseitig liehen wir uns neue CDs aus, brannten Downloads auf Rohlinge, fuhren auf Konzerte und Festivals und laberten (heute würde man sagen: mansplainten) unser Umfeld mit Fun Facts zu irgendwelchen Bands voll. Nach Abitur, Zivildienst und Studium habe ich aus dem Hobby einen Beruf machen können. Daniel frönt dem Hobby des Musikhörens und sogar -entdeckens weiterhin, hat beruflich aber etwas »Richtiges« gelernt, das mit Rock and Roll so gar nichts zu tun hat: Nach einer Bankkaufmann-Lehre in der örtlichen Sparkasse begann er ein duales Studium als Betriebswirt in Frankfurt. Danach zog er seiner Liebe nach Zürich hinterher, die dort als studierte Landschafts- und Freiraumplanerin in einem Architekturbüro arbeitete, und trat 2008 einen Job als Projektleiter im Bereich Digitalisierung bei einer Schweizer Großbank an. Die beiden gründeten eine mittlerweile fünfköpfige Familie, zogen 2016 nach Deutschland zurück und bauten ein Haus im Frankfurter Speckgürtel. In seinem aktuellen Job arbeitet Daniel »selten mehr als vierzig Stunden pro Woche«, seine Frau hat sich nach fünf Jahren ausschließlicher Care-Arbeit Ende 2020 selbstständig gemacht und erwerbsarbeitet vormittags, wenn die drei Kinder in Schule und Kindergarten sind. Sie leben das klassische und in Deutschland noch immer dominierende Rollenmodell mit dem Vater als Haupternährer – und sind beide, soweit Daniel das beurteilen kann, zufrieden damit. Eine andere Aufteilung sei für die Familie nie ernsthaft infrage gekommen. Warum nicht?

Am Telefon antwortet Daniel mir: »Die Frage stellte sich nie wirklich, weil ich nahezu doppelt so viel verdiene wie meine Frau. Es macht ökonomisch gar keinen Sinn, dass derjenige, der die Hälfte verdient, weiterarbeitet, und der, der doppelt so viel verdient, zu Hause bleibt und die Kinder betreut«, findet er, zumal in der Schweiz das Teilzeitgehalt seiner Frau von den Betreuungsgebühren komplett aufgefressen wurde. Es habe aber auch einen anderen Grund gegeben: Für seine Frau stand stets fest, »dass sie dieses Mutterding machen will. Sich die Zeit mit den Kindern nehmen. Ihr war immer klar: Ich bin Mutter mit Leib und Seele. Die Kinder aufwachsen zu sehen stand nie in echter Konkurrenz zum Job.«

Warum nicht auch bei ihm? Wollen Väter ihre Kinder nicht aufwachsen sehen? Daniel gibt zu, dass er die Zeit mit seinen Kindern zwar sehr genieße, insbesondere die Baby- und Kleinkindphasen aber auch als sehr anstrengend empfunden habe. Er sagt: »Ich habe mich nie als Full-Time-Betreuungsperson gesehen. Ich bin nicht sicher, ob ich dem gewachsen gewesen wäre.« Auf Nachfrage sieht er zwar ein, dass Frauen Elternschaft mindestens beim ersten Kind genauso erlernen müssten wie Väter, sie werden schließlich ebenso wenig mit dafür kompatiblen Komplettlösungen, wie wir sie von Videospielen kennen, geboren. Dass er und seine Frau ins »klassische und zugegeben spießige« Modell rutschten, sei dennoch okay für beide. Er habe es nie bereut, beide seien unterm Strich glücklich mit ihren Rollen – und das, obwohl er bei keinem seiner drei Kinder Elternzeit genommen hat. Seine Erklärung: In der Schweiz gibt es dieses Modell nicht, nach den Geburten seiner Söhne habe er jeweils drei Wochen Urlaub gehabt. Alles darüber hinaus wäre auf eine Änderung seines Arbeitsvertrags, individuelle Diskussionen mit Chef und Personalabteilung sowie finanzielle Einbußen hinausgelaufen. Bei der Geburt seiner Tochter wohnten sie zwar wieder in Deutschland, wegen des Übergangs zwischen den Jobs habe er damals aber eh fünf Monate frei gehabt. »Ein Luxus, sich um Wohnung, Hausplanung, Kindergärten, Schule und so weiter zu kümmern, ohne arbeiten zu müssen«, sagt er.

Sechs Monate nach den jeweiligen Geburten ihrer ersten zwei Kinder ging seine Frau in Teilzeit arbeiten; 2015 kündigte sie ihren Job – insbesondere, weil der Anderthalbjährige oft krank war und diese Situation mit Stress für alle Beteiligten einhergegangen sei. Seitdem sie selbstständig ist, arbeitet sie vormittags für vier Stunden, die Nachmittage bleiben Kinderzeit. Ihre Kinder kapieren, dass auch Mama wieder arbeitet. Gleichzeitig sei ihnen klar, »dass die Mama trotzdem immer da ist«, räumt Daniel ein. »Sie sind bei ihr immer Prio 1. Bei mir wissen sie, dass es Fälle geben wird, in denen sie nicht Prio 1 sind. Wenn ich weg bin, bin ich weg. Wenn ich in einer Stunde einen Termin habe, muss schon etwas sehr Schlimmes passieren, damit ich den nicht wahrnehme. Zum Beispiel ein Unfall mit einer Wunde. Nicht nur, weil jemand schlechte Laune hat. Sie wissen, dass sie mit ihren Sorgen und Wehwehchen bei der Mama meistens besser aufgehoben sind. Das muss ich so offen sagen.«

Wirklich unzufrieden scheint Daniel mit dieser Schieflage nicht zu sein. Natürlich leide in ihm ein Teil, dass er seine Kinder nicht so oft sehe, aber diese »zehn Prozent« seien vermutlich ungefähr deckungsgleich mit dem Teil in seiner Frau, der gerne ebenfalls

»Karriere« gemacht hätte. Sie verspüren nicht nur aus sich selbst heraus keine Notwendigkeit zur Veränderung ihrer Rollenaufteilungen. Auch ihr berufliches, privates und gesellschaftliches Umfeld stellt sich und ihnen diese Frage nicht: Daniel kennt persönlich keinen Vater, der länger als die zwei Mindestmonate Elternzeit genommen hätte und bestätigt damit die Statistik, dass einerseits zwar immer mehr Väter Elternzeit nehmen, ein Großteil aber eben nur die Zeit, die sie nehmen »müssen«, um dafür Elterngeld beziehen zu können. »Oftmals ist das doch eh nur Urlaub!«, findet er und meint damit diejenigen, die in ihrer Elternzeit mit Frau und Baby Wohnmobil- oder gleich Weltreisen unternehmen, den alleinigen Alltag mit Kind und die damit einhergehende Verantwortung aber so nicht kennenlernen würden. »Ich und viele andere Väter, die ich kenne, sind schon so was von durch, wenn sie sich nur ein langes Wochenende allein und rund um die Uhr um ihre Kinder kümmern, damit ihre Frau mal verreisen kann«, gibt er zu und weiß: Ein Lerneffekt tritt in ein paar Tagen nicht ein, spannender wäre es durchaus, den Alltag zu ändern. »Davon bin ich meilenweit entfernt, das gebe ich zu, das werde ich auch nicht mehr erleben.«

Ob er in Deutschland Elternzeit genommen hätte, wenn er vor der Geburt ihres dritten Kindes im Job gewesen wäre? Auch hier argumentiert Daniel mit Gesellschaft, Karriere und Finanzen: Er ist sich sicher, dass es auf das Minimum hinausgelaufen wäre. Zwei Monate hätte er erstens deshalb genommen, »weil es schön ist und weil es in unserem Freundes- und Bekanntenkreis mittlerweile vollkommen normal ist, dass man es macht. Aber es ist alles andere als normal, dass man es überdurchschnittlich viel macht.« Zweitens war er Anfang beziehungsweise Mitte dreißig, als seine Kinder zur Welt kamen – für ihn eine Phase, in der man »beruflich mitten im Leben steht«. »Ich hatte den Eindruck, voll motiviert sein und Gas geben zu müssen. Weil es im nächsten Jahr vielleicht eine

Gehaltserhöhung oder Beförderung gab.« Daniel hat wie so viele andere Arbeitnehmer Angst, im Beruf zu viel zu verpassen, wenn er sich länger als nötig rausziehen würde. Außerdem ist ihm seine vermeintlich alleinige Verantwortung bewusst, die er durchaus als Bürde sieht:»Alles hängt an meinem Gehalt. Unsere Miete, unser Leben, unser Alltag. Ich bin der Alleinverdiener. Will ich wirklich aus dem Job rausgehen, der gerade viel Spaß macht? Und will ich dieses ›Investment‹ tätigen? Ich weiß durchaus zu schätzen, dass ich vom Staat 1.800 Euro bekomme. Ich weiß aber auch, dass ich 1.800 Euro Miete jeden Monat zahle. Das Elterngeld federt mein Gehalt nicht komplett ab. Man kann so ein Investment zwei, drei, auch vier oder fünf Monate tätigen. Spätestens nach sechs Monaten aber kippt der ›Business Case‹ ganz schön. Business Case ist in dem Zusammenhang ein mieser Ausdruck, ich weiß, aber am Ende läuft es darauf hinaus.«

Ey Daniel, sage ich als der im Direktvergleich deutlich weniger Verdienende:»Je mehr man vorher verdient hat, desto entspannter könnte man doch sagen: Es ist mir scheißegal, wenn ich jetzt ein halbes Jahr mal weniger verdiene!« Der gelernte Betriebswirt hält dagegen:»Wenn ich sehr viel verdiene, ist das Investment riesig. Wenn ich 7.000 Euro pro Monat verdienen würde, würde mich jeder Monat rund 5.000 Euro kosten. Ein halbes Jahr Elternzeit würde mich dann 30.000 Euro kosten. So könnte man ja auch rechnen.« Ja, klar, könnte man, antworte ich, wir sprechen hier aber doch wohl vor allem über Prioritäten und Lebensstandards. Man könnte schließlich auch sagen: Wir brauchen keine Wohnung, die fast 2.000 Euro im Monat kostet (falls man die noch findet), dafür habe ich für anderes Geld übrig und kann etwas weniger arbeiten. Vielleicht ist es für den einen oder anderen auch möglich, vorab ein Polster anzusparen. Auch diese Optionen fallen für eine Gruppe Eltern allerdings wieder weg: die Geringverdienenden.

Grundsätzlich finde ich unfair, dass Daniel als Mann davon spricht, jetzt Karriere machen zu wollen und zu müssen, während die Frau im gleichen Lebensabschnitt steckt, in der Regel aber wegen Kindern keine Karriere machen kann. Würden deshalb zum Beispiel beide in Teilzeit arbeiten, läge der Financial Load nicht mehr nur auf seinen Schultern. Ich sehe und respektiere, dass das klassische Modell für Daniel und seine Frau und für viele andere Paare aufrichtig so in Ordnung geht. Es sollte bloß für beide Partner*innen eine bewusste Entscheidung sein, ob man so wie seine Eltern leben will oder anders – ob für sich oder für die eigenen Kinder.

Warum ich das Familienbeispiel meines alten Freundes so ausführlich schildere? Weil wie Daniel die meisten Väter denken und leben. Weil es zeigt, wie existent Hindernisse auf dem Weg hin zu mehr Gleichberechtigung – von Gender Pay Gaps über nicht ausreichende Elternzeitmodelle bis hin zu Mindsets von Eltern, Arbeitgebern und Gesellschaft – noch immer sind. Ich kann gerade den finanziellen Aspekt sehr gut nachvollziehen: Hätte ich nach der Geburt unseres ersten Kindes in einem viel besser bezahlten Job gearbeitet, mir wäre die Entscheidung über die folgenden, teilweise längeren Elternzeiten und die dauerhafte Teilzeit schwerergefallen. Und hätten wir uns einmal an einen dadurch entstehenden höheren Lebensstandard gewöhnt, wäre ein plötzliches Zurückstecken vielleicht auch ein gefühlter Rückschritt.

Mein »Glück« war, dass sich finanziell nichts maßgeblich änderte. Und dass die Person in unserer Ehe mit dem weitaus größeren Leidensdruck auf Veränderung pochte, während ich noch wie so oft im Leben die Dinge als gegeben hinnahm und seitdem jeden Tag versuche zu verstehen, dass die vordergründig einfachste oder naheliegendste Lösung nicht immer die beste ist.

Natürlich hätte auch ich gerne beides: Ich will einerseits genug Zeit für meine Kinder und den Haushalt haben. Ich würde andererseits gerne auch viel mehr Geld verdienen. Zum Sparen, fürs Alter. Für die Kinder. Beides zusammen scheint gegenwärtig nicht zu gehen. Nicht in meiner Branche, nicht in diesem Land. Ich habe mich aktuell für das eine entschieden und hoffe, dies eines Tages weniger zu bereuen, als wenn ich mich für das andere entschieden hätte.

HAUSAUFGABE:
Wie sollen deine Kinder dich wahrnehmen und eines Tages rückblickend sehen? Was tust du heute dafür, was unbewusst dagegen?
Welchen Weg haben deine Freund*innen aus Kindheit, Schulzeit und Jugend eingeschlagen? Warum verliefen die entweder ganz anders oder vielleicht auch so ähnlich wie deiner?

Väter und Vorbilder: Selbst Darth Vader hatte eine Wahl

»Versuchen ist der erste Schritt zum Versagen.«
(Homer J. Simpson)

Vor ein paar Jahren tippte ich auf meinem Blog eine launige Liste herunter: Unter der Überschrift »10 Väter, die lieber keine Vorbilder sein sollten« versammelte ich von Homer Simpson über Al Bundy und Darth Vader bis Phil Dunphy aus der Sitcom »Modern Family« all die Prachtexemplare, die im schlimmsten Fall durch Dummheit, Ignoranz und toxische Männlichkeit glänzen, im besten Fall durch den Versuch, ein halbwegs guter Vater zu sein. Was sie alle eint: Sie gelten als sogenannte »Idiot Dads«, als Väter, die nichts auf die Kette kriegen – und sie begleiteten meine Generation durch ihre Jugend. Blöde Väter galten und gelten als lustig, Spielplatzhelden wie Phil Dunphy als das Gegenteil von cool, nämlich cool gemeint (»Wenn mein Sohn mich für einen seiner idiotischen Freunde hält, habe ich als Vater Erfolg gehabt.«). Auf Instagram sind bis heute die Memes und Videos besonders erfolgreich, die dokumentieren oder parodieren, was Väter alles falsch machen. Zum Beispiel beim Windelwechselversuch würgend zur Toilette rennen und das Baby in der Zeit allein auf dem Wickeltisch liegen lassen. Dass diese Klischees und Vorurteile auf das Image aller anderen Väter abfärben? Kollateralschaden.

Ein »Idiot Dad« waren weder die Väter meiner Freunde noch mein eigener Vater, und ich kann auch sonst nichts Schlechtes über ihn sagen (außer, dass er zu viel arbeitet). Aber bei einer Sache würde er mir beipflichten: Wie ich Windeln wechsle oder Essen koche, hätte ich von ihm nicht lernen können. Die Verantwortlichkeiten waren in seiner Familie klar aufgeteilt, so wie sie bei den meisten Familien seiner Generation klar aufgeteilt sind. Daran gibt es nichts auszusetzen, wenn diese Aufteilung dem freien Wunsch und Einverständnis aller Beteiligten entspricht.

Vätern von heute fehlt es damit oft an (realistischen) Vorbildern. Viele wollen ihre Rolle ernst und so gut es geht wahrnehmen. Kaum einer weiß, wie das funktionieren könnte. Natürlich machen Väter Dinge anders als Mütter. Natürlich werden einige von ihnen ihre Aufgaben nicht allumfassend sehen und teilweise falsch machen. So wie wir alle Dinge falsch machen, wenn wir sie zum ersten Mal machen, nicht als Paar darüber reden und niemanden haben, der uns zeigt, wie das so geht. Man nennt es Lernen. Und wenn Mütter das können, können Väter das auch.

Um bei den eingangs erwähnten Nicht-Vorbildern aus Funk, Fernsehen und Popkultur zu bleiben: Selbst Darth Vader war nicht immer böse. Geboren als Sklave auf dem Planeten Tattoine, entdeckt von Qui-Gon Jinn und ausgebildet von Obi-Wan Kenobi, macht sich der junge Anakin Skywalker auf, ein Jedi-Ritter zu werden. Er lernt Padmé Amidala kennen, heiratet und schwängert sie und hätte für ihren Schutz sein Leben gegeben. Padmé starb trotzdem nach der Geburt ihrer Zwillinge. Anakin wäre fortan ein alleinerziehender Vater gewesen, hätte er mit irgendwelchen halbseidenen Sith Lords nicht vorher schon krumme Geschäfte gemacht. Seine Kinder Luke und Leia wuchsen bei Adoptiveltern auf. Halb zog sie ihn, halb sank er hin: Kein Wunder, dass Anakin bald selbst vollends auf die dunkle Seite der Macht wechseln würde – wer kann schon mit solch einem Verlust leben sowie damit, seine neue Rolle noch vor Dienstantritt derart verkackt zu haben?

Diese grobschlächtige Zusammenfassung der Geschehnisse aus »Star Wars: Episode II« und »Star Wars: Episode III« mag einerseits als Science-Fiction-Nerd- oder wahlweise Grundwissen durchgehen, andererseits als Analogie auf die Väterrolle: So wie Darth Vader als Anakin Skywalker mal klein anfing und nichts Schlechtes für seinen ungeborenen Nachwuchs im Sinn hatte, so ist auch kein anderer Mann von Geburt an dazu bestimmt, ein guter, schlechter oder irgendein Vater zu werden. Rollenbild und Selbstverständnis entwickeln sich durch Erziehung und Sozialisation. So wie man sich heutzutage in der westlich zivilisierten Welt in der Regel selbstbestimmt dafür oder dagegen entscheiden kann, Mutter oder Vater zu werden, kann man auch entscheiden, was man daraus macht – selbst ohne Vorbilder. Wir Väter können zum Beispiel versuchen, da zu sein statt »Ich kann das nicht!« zu rufen oder wie Darth Vader das Weite zu suchen und erst kurz vor seinem Tod die Liebe für seine Kinder wiederzuentdecken. Das Ende von »Episode VI: Die Rückkehr der Jedi-Ritter« lehrt uns: Selbst der als Vater dauerabwesende Sith Lord hatte eine Wahl! Wir könnten versuchen, uns nicht auf unserem veralteten Steinzeitimage als Ernährer und Hauptverdiener auszuruhen. Wir könnten uns die Kinder nicht nur schnappen, damit Mama mal kurz durchatmen darf, sondern weil wir Zeit mit ihnen verbringen wollen. Wir könnten den Mental Load, also die gedankliche Last der Alltagsplanung, nicht der Frau überlassen, sondern zu einer gemeinsamen Aufgabe machen. Wir könnten nicht nur Wochenendväter sein, die mit ihren Babys sonntags Brötchen kaufen gehen und mit ihren älteren Kindern mittags auf den Bolzplatz, sondern täglich anwesend sein und teilhaben. Wir könnten – und sollten, vor allen Dingen – aber einfach mal machen. Es gibt genug zu tun.

HAUSAUFGABE

An die Männer: Hast du ein väterliches Vorbild? Was möchtest du gerne wie dein eigener Vater machen, was ganz anders?

WO
WIR
STEHEN

Der ach so moderne Vater

Bisher habe ich versuchsweise aufgezeigt, wo wir herkommen. Ich habe historisch, persönlich und anekdotisch angerissen, wie unsere Rollenbilder und Arbeitsmodelle entstanden und warum eine Veränderung nur schleppend vorangeht. Wer Schlagzeilen über mehr Elternzeit von Vätern liest oder sich besonders in Großstädten und dortigen Szene-Kiezen umsieht, könnte mich fragen: Was willst du denn, Fabian? Da steht er doch, Tragetuch vorm Bauch und Smartphone, Kaffee und Kinderwagen am Mann: der moderne oder »neue« Vater!« Ja, richtig, da steht er, würde ich antworten. Der, der seine Rolle anders wahrnehmen will, aber keine Ahnung hat, wie. Der, der seit Jahren zum Role Model hochgejazzt wird. Der, der in vielen Beschreibungen einer Heldenfigur gleicht, weil er seine Frau nicht sämtliche Scheiße allein wegwischen lässt. Der, der erstaunte Blicke erntet, weil er nicht nur am Wochenende, sondern auch mal mittwochnachmittags am Spielplatz chillt. Der, über den Freundinnen und Verwandte seiner Frau oder Freundin sagen, wie glücklich sie sich doch schätzen könne, dass er so viel mithelfe. Der, der pünktlich das Büro verlässt, um seine Kinder von der Kita abzuholen. Keine Frage: Es braucht solche Väter, es braucht sie sichtbar in der Öffentlichkeit und am Arbeitsplatz, damit sie eines Tages so selbstverständlich werden, wie sie es jetzt noch nicht sind. Sie brauchen Anerkennung, wie Mütter ja auch. Aber Lob, das brauchen sie nicht.

Ich selbst bin hin- und hergerissen: Ich ärgere mich einerseits darüber, wenn mir Menschen Respekt dafür zollen, dass ich in Teilzeit arbeite oder in eine dritte unbezahlte Elternzeit für mehrere Monate gehe. Dass ich auf Väterkonferenzen als Role Model geladen werde und trotz Unbehagen dort erscheine. Andererseits weiß ich, dass ich mit meiner Arbeitsreduzierung noch immer einer Minderheit unter Vätern angehöre – und behaupte öffentlich und im Privaten, dass überdurchschnittlicher Einsatz für die Familie auch als Mann selbstverständlich sein sollte. In Streitigkeiten mit meiner Frau argumentiere ich gleichzeitig unbewusst damit, dass ich doch mehr tue als viele andere Väter. Ich widerspreche mir damit selbst: Ich will doch eigentlich gar kein Lob dafür, dass ich das Naheliegendste getan habe, was man als Vater so tun kann, um nach der Geburt der eigenen Kinder nicht exakt so weiterzumachen wie bisher. Irgendwas in mir will das offenbar aber doch. Auch ich will in Wahrheit Anstrengung vermeiden.

Ob mein Vater-Sein etwas mit meiner »Männlichkeit« anstellt, hat mich nie gekratzt. Ich definiere mich nicht über Arbeitszeit, Ernährerqualitäten, Stärke, Rollenerwartungen oder Vergleiche mit anderen Männern. Dass viele Väter meiner Generation das trotzdem tun, finde ich nicht gut, aber wegen der Gesellschaft, in der wir aufgewachsen sind, nachvollziehbar. Ich würde mir wünschen, dass wir alle wenigstens anfangen, unsere Rollen zu reflektieren, damit ein nächster Schritt in Richtung Gleichberechtigung überhaupt geschehen kann.

Eine unvollständige Liste meiner Privilegien

»Es ist ganz einfach, dachte ich etwa fünf Wochen vorher und stand am offenen Fenster, ich will ein Mann sein. (...) Ich wollte nicht aussehen wie der Mann, der ich sein wollte. Aber die Möglichkeit aufzustehen, mich nicht zuständig zu fühlen und weiterzugehen, diese Möglichkeit wollte ich besitzen, für immer.«

Mit diesen Sätzen beginnt die Autorin und Journalistin Antonia Baum ihr Buch *Stillleben*.[21] Ein Buch, das sie nie schreiben wollte, weil es schon so viele Bücher über die unmögliche Vereinbarkeit von Kindern und eigenem Leben gebe. Ihre Situation als Mutter eines Babys, die weiterhin arbeiten und gleichberechtigt leben will, aber an ihrem neuen Alltag verzweifelt, ließ sie schließlich umdenken.

In *Stillleben* schreibt Baum so realistisch wie bedrückend über »die Angst, als Mutter unsichtbar zu werden«. Die 1984 geborene studierte Literatur-, Geschichts- und Kulturwissenschaftlerin lebte ein privilegiertes Leben, eines, über das andere gemeinhin urteilen würden, es gebe keinen Grund zur Beschwerde. Sie hatte einen Job bei der *Frankfurter Allgemeinen Sonntagszeitung* als Redakteurin, veröffentlichte Romane und wohnte mit ihrem Freund in Berlin. Die

Wohnung in einem sogenannten Problemkiez hatten sie sich bewusst ausgesucht. Sie sei nicht nur günstig, sondern ihre Lage auch so schön urban und außerhalb ihrer eigentlichen Blasen. Trotzdem stimmte etwas nicht: Je öfter und länger Baum mit ihrem Kind zu Hause blieb, während ihr Freund arbeiten ging, desto unzufriedener wurde sie. Wie passte dieses Gefühl mit der Behauptung zusammen, dass Mutterwerden trotz Stress und Schlaflosigkeit einer absoluten Erfüllung gleiche?

Wie Baum ging und geht es vielen Müttern. Nur sprechen nicht alle darüber. Es hieße zuzugeben, dass mit dem Nachwuchs nicht alles rosarot ist. Dass sie bei gleichzeitiger geistiger Unterforderung körperlich absolut überfordert sind. Dass das Ich auf der Strecke bleibt. All diese widersprüchlichen Erwartungen, die heute an moderne Mütter herangetragen werden –»Sei bei deinem Kind!«,»Geh arbeiten!«,»Denk an dich!«,»Sei selbstloser!«,»Lass mal locker!« – wie sollen die zu erfüllen sein, ohne sich selbst zu vergessen oder gar kaputtzumachen?

Väter leiden in der Regel nicht unter einem derartigen Druck. Klar, auch sie sollen bitte schön anwesend sein, im Job was reißen und sich um die Kinder kümmern. Aber sie lebten nicht schon vor ihrer Vaterschaft unter einer solchen Last der gegensätzlichen Ansprüche: Wer hat jemals einen Mann Ende zwanzig gefragt, ob und wann er denn Kinder bekommen wolle? Oder einen Mann Ende dreißig, ob es denn nicht mal langsam Zeit sei für die Familienplanung? Und wie er das bloß mit seiner Karriere vereinbart? (Weiße Cis-)Männer sind in unserer patriarchalisch aufgebauten westlichen Gesellschaft privilegierter als Frauen, von Gruppen mit anderen Marginalisierungs- und Diskriminierungserfahrungen aufgrund von Merkmalen wie Hautfarbe oder Herkunft ganz zu schweigen. Die männlichen Privilegien – also die Vorteile, die so der Norm entsprechen, dass man sich nicht dafür rechtfertigen muss und sich dessen noch nicht mal bewusst ist – bleiben, wenn ihre Träger Väter werden. Der folgende Satz aus Jacinta Nandis Buch *Die schlechteste Hausfrau der Welt* über das moderne männliche Privileg bringt es auf den Punkt: »Männer gehen nicht arbeiten, damit Frauen zu Hause bleiben können. Frauen bleiben zu Hause, damit Männer arbeiten gehen können/dürfen.«[22]

Auch mein Lebensweg hat sich seit der ersten Schwangerschaft meiner Frau nicht um 180 Grad gewendet. Nicht wenden müssen. Klar, Elternzeit, Teilzeit, der Kampf, den Mann so kämpfen kann, um sich vorzumachen, man hätte überhaupt mal für irgendwas wirklich kämpfen müssen. Aber unterm Strich kam mir alles irgendwie entgegen. Ich kann das machen, wovon Antonia Baum tagträumt: Ich kann einfach gehen, wenn ich nicht mehr will. Konnte ich immer schon, habe ich oft auch gemacht. Ins Büro. In die sozialen Medien. In den Biergarten. In ein Hostel. Zu Freunden. Mütter können das nicht. Nicht nur während der Stillmonate – sondern über Jahre, weil von ihnen ein Stillleben erwartet wird.

Bleiben wir bei der Arbeit: Meine erste Festanstellung nach der Uni kriegte ich über eine Bekannte, die zweite über einen Freund. Klar habe ich mich beworben und Gespräche geführt, aber die halbe Miete war durch Vitamin B schon bezahlt. Und ich war halt ein Kerl Ende zwanzig/Anfang dreißig. Der macht das schon. Dass ich bald Kinder kriegen könnte, galt entweder nicht als Arbeitsausfall-Risiko – oder es wurde gedacht: ›Ach, die zwei Monate Elternzeit überbrücken wir schon.‹ Wenn ich heute als Vierzigjähriger meinen Job verlieren oder kündigen würde? Würden schlimmstenfalls ein paar Monate der Orientierung beziehungsweise des Klinkenputzens bei alten Kontakten anstehen. Ich weiß, dass ich einen neuen Job finden würde. Weil ich ein Mann bin, bei dem auch im Jahr 2022 niemand daran denkt, dass der sich auch um seine kranken Kinder kümmern müsste oder vielleicht noch eines bekommt und dann auch länger als zwei Wochen bis zwei Monate ausfällt. Weil ich angeblich weniger Risiko bedeute. Weil Männer seltener als »zu alt« gelten. Und weil bei mir, egal wie viele Kinder ich habe, nie eine Lücke im Lebenslauf klaffte.

Was bei Männern in der Regel kein Problem darstellt, ist bei Frauen leider meist noch immer eines. Neulich erzählte mir eine Freundin von einem misslungenen Bewerbungsgespräch bei einem vermeintlich fortschrittlichen Arbeitgeber. Der Personalchef arbeitete seine Fragen ab, bis er plötzlich die folgende stellte: »Sie arbeiteten sechs Jahre in einer Firma, ganz schön lang. War da Elternzeit mit bei?« WTF: Nicht nur, dass die Frage grundsätzlich ein No-Go ist – als Mann würde ich das nie gefragt werden!

Solche eigentlich unglaublichen Fragen werden fast jeden Tag gestellt. In Interviews mit Frauen, in Bewerbungsgesprächen mit Frauen, im gut gemeinten Small Talk. So häufig, dass die Agenturgründerin, Unternehmerin, Aufsichtsrätin, Speakerin und Digitalexpertin Fränzi Kühne ein Buch darüber geschrieben hat. Für *Was Männer nie gefragt werden* hat sie genau das getan: Männern Fragen gestellt, die sonst nur Frauen zu hören kriegen.[25] Fragen wie »Herr Maas, Sie tragen meist Anzug und Krawatte – das ist Standard in der Politik, oder?« und »Herr Rach, Sie sind ein bekannter Koch und Kochbuch-Autor. Können Sie für andere Männer ein Vorbild sein?«. Der YouTuber und Handwerker Fynn Kliemann bringt die Absurdität dieser Erfahrung wie folgt auf den Punkt: »Fränzi hat mich eingeschüchtert, verunsichert und beleidigt. Bis ich verstanden habe, dass ihr exakt diese Fragen gestellt wurden. Unfassbar.«

Die Unverhältnismäßigkeit dessen, was Frauen im Vergleich zu Männern so alles gefragt werden, gipfelte vorerst in dem Tag im April 2021, an dem die Grünen Annalena Baerbock als ihre Kanzlerkandidatin vorstellten. »Kinder und Kanzleramt – lässt sich das vereinbaren?«, fragte etwa die *Tagesschau*. Im Gegensatz zu einigen anderen journalistischen Formaten zum Glück nur rhetorisch, um Baerbock anschließend als Role Model zu zeigen und weitere positive Beispiele wie Neuseelands Regierungschefin Jacinda Ardern anzuführen. Bei Robert Habeck wäre seine Familie kein Thema gewesen, auch Markus Söder und Armin Laschet wurden nie danach gefragt, wie sie Kinder und Karriere vereinbaren. Der Journalist Lorenz Meyer spitzte das Missverhältnis in einem Tweet zu: »Medienleute, die Annalena Baerbock fragen, ob sich Kinder und Kanzlerschaft vereinen lassen, sollten sich zuerst fragen, ob sich Journalismus und ein Weltbild aus dem Mittelalter vereinbaren lassen.«

In den sozialen Medien wurde am selben Tag tausendfach ein Foto von Baerbock geteilt, auf dem ihr Zitat prangte: »Ich habe zwei kleine Kinder und ich will nicht aufhören Mutter zu sein, bloß, weil ich Spitzenpolitikerin bin. Und es wird Momente geben, da bin ich nicht da, weil es da wichtiger ist, dass ich bei meinen Kindern bin.«

Genau diese Gratwanderung muss uns gelingen: Einerseits darf es keine Rolle spielen, ob eine Kanzlerkandidatin Kinder hat oder nicht. Ihre Politik muss sie befähigen. Andererseits und so lange noch ein derartiges Ungleichgewicht herrscht, kann eine Frau wie Baerbock eben doch eine empowernde Wirkung als Role Model haben und ihre Mutterschaft einen positiven Einfluss auf die rund zwanzig Millionen Elternteile unter den deutschen Wahlberechtigten haben. Auf Twitter schrieb User @alexdemling folgerichtig: »Nach dem Coronajahr würde ich nicht fragen, ob ein/e KanzlerIn Beruf und Familie vereinbaren kann. Sondern ob einer, der das nie musste, uns regieren sollte?«

Ich könnte noch etliche weitere Beispiele nennen. Zum Beispiel die Memes in Sarah Coopers satirischem Buch *Wie Du erfolgreich wirst, ohne die Gefühle von Männern zu verletzen*[24], die schmerzhaft unterhaltsam illustrieren, wie unterschiedlich Verhaltensweisen von Arbeitnehmerinnen auf der einen und Arbeitnehmern auf der anderen Seite wahrgenommen werden. Wenn ein Mann etwa fragt, ob er morgen seine Kinder mit ins Büro bringen dürfe, gilt er demnach als Familienmensch. Eine Frau hingegen erscheine unorganisiert. Der Punkt ist folgender: Meine Privilegien als Mann beschränken sich nicht darauf, im Stehen pinkeln und nachts gefahrlos allein unterwegs sein zu können, beim Sex fast immer einen Orgasmus zu haben, nicht mein halbes Leben lang monatlich unter Schmerzen zu bluten, Binden oder Tampons zahlen zu müssen und kein Kind gebären und stillen zu müssen. Ich kann mich auf Jobs bewerben, wann und wo und wie ich will. Ich kann ein Väterblog mit meinem Klarnamen im Impressum führen, ohne Angst zu haben, deswegen bei Bewerbungen benachteiligt zu werden (leider auch ohne zu merken, dass ich meiner Frau wegen desselben Nachnamens damit trotzdem schaden könnte). Ich kann sogar ein Buch über Themen und Probleme schreiben, die Frauen seit Jahren betreffen, so frei und privilegiert bin ich.

Wo Männer und Frauen heute stehen, zeigt eine zweiteilige ZDF-Doku aus dem Jahr 2020 auf. Im Teil »Mann sein. Traditionelle Rollenbilder im Wandel der Zeit« sprechen Männer aus verschiedenen Generationen und Milieus über ihr Selbstbild, Männlichkeit und Rollenverständnis. Und darüber, was sie warum wollen oder nicht wollen – und machen oder nicht machen. Die beeindruckendste Szene folgt im Teil »Frau sein. Traditionelle Rollenbilder im Wandel der Zeit«. Nach Schilderungen von struktureller Benachteiligung, Sexismus-Erlebnissen, der Notwendigkeit weiblicher Überperformance, um beruflich ernst genommen zu werden, und der Quotendiskussion werden die porträtierten Frauen gefragt, welche Vorteile es habe, eine Frau zu sein. Von allen Befragten folgen: Schweigen. Nachdenken. Keine Antworten.

Zum Abschluss des Kapitels gebe ich euch ein Zitat von Jan »Monchi« Gorkow mit, Sänger der linken Punkband Feine Sahne

Fischfilet aus Mecklenburg-Vorpommern, die sich seit Jahren gegen Rechts engagiert:»Ich habe Rassismus und Sexismus zuhauf
in meinem Kopf, das hält man gar nicht aus, aber ich versuche, darüber nachzudenken und mich nicht davon leiten zu lassen.«[25]
Manche abgedroschenen Redewendungen stimmen eben trotzdem: Einsicht ist der erste Weg zur Besserung.

HAUSAUFGABE:

Welche Privilegien hast du? In welcher Form begegnen dir in
deinem Umfeld Benachteiligung, Diskriminierung, Sexismus,
Rassismus? Wo offen, wo verdeckt?

Es reicht wirklich

Im Jahr 2007 lernten meine Frau und ich uns kennen. Wir zogen zusammen, heirateten, 2013 kam unser erster und 2016 unser zweiter Sohn zur Welt. Wir hatten gute Jobs, eine große, wunderschöne und bezahlbare Wohnung mitten in Kreuzberg und führten ein Leben wie im Bilderbuch – zumindest nach außen hin. Zu Hause gingen wir uns manchmal an die Gurgel: Alltag, Schwangerschaft, Geburt, schlaflose Nächte, Zurückstecken jeglicher eigenen Bedürfnisse, berufliche Zweifel. All das zehrte mehr an uns, als dass es uns erfüllte.

Die Streitigkeiten wiederholten sich: Sie warf mir vor, ich würde nicht mitdenken und schon gar nicht in die Zukunft. Ich würde angeblich nur in den Tag hineinleben und sei damit zufrieden. Ich warf ihr vor, mir ständig nur Vorwürfe anhören zu müssen, dabei würde ich doch wirklich alles machen: Ich stand nachts auf, wann immer ein Kind wach war, ich brachte die Jungs zur Kita, fuhr zur Kinderärztin und erledigte andere Aufgaben. Sie hatte wochenlang eine neue Kommode bei E-Bay-Kleinanzeigen gesucht, ich holte sie ab und baute sie auf. Sie dachte an den übernächsten Urlaub, ich an den nächsten Tag. Sie sorgte sich ständig um das Kindeswohl, ich darum, was wir heute Abend auf Netflix gucken. Ich hielt das für gerechte Arbeitsteilung und verstand nicht, was ihr daran nicht genügte. Wie zur Hölle sollte ich in 24 Stunden noch mehr abarbeiten? Und genau dort fingen die Probleme erst richtig an: Abarbeiten würde nicht reichen, sagte meine Frau. Da könne sie auch einen Haushaltsangestellten anheuern, dafür brauche sie keinen Ehemann. Wir steckten in einem Teufelskreis.

Ich brauchte viele weitere, immer gleiche Streitigkeiten, um ihren Standpunkt wenigstens annähernd zu verstehen (Spoiler: Verständnis und Lösungsfindung fallen mir bis heute schwer). Vor allem aber halfen immer lauter werdende Aus- und Aufrufe in den sozialen Netzwerken von vereinzelten Mamabloggerinnen oder Instamoms, die dort im Gegensatz zu vielen anderen keine heile Welt propagierten: »Es reicht!«, konstatierten sie und sprachen von Buzzwords wie Mental Load und Emotional Labor. Ich erkannte: So wie uns scheint es auch vielen anderen Paaren und Eltern zu gehen. Was es nicht einfacher macht – aber interessanter, der Sache persönlich und journalistisch auf den Grund zu gehen. War möglicherweise gar nicht nur ich selbst so faul und genügsam, sondern konnte ich das auf mein Geschlecht, meine Erziehung und meine Sozialisation schieben? Aber: Wäre das nicht zu einfach?

Dann, 2020, erschien Gemma Hartleys Buch *Es reicht* in Deutschland. Auf über 380 Seiten berichtete die US-amerikanische Journalistin von ihren eigenen Problemen mit der Vereinbarkeit von Arbeit, Haushalt und Privatleben, von liegen gelassenen Socken, Geburtstagsgeschenken für Freund*innen, vergessenen Brotdosen und gerissenen Deadlines wegen kranker Kinder.[26] An alldem gab sie nicht nur ihrem Mann die Schuld, sondern ihrer Erziehung in einer Gesellschaft, die sie als Frau stets kleingehalten habe und die Männer allzeit von jeder Verantwortung befreite, die nicht das Geldverdienen war. Dieses Buch sei für sie eine Erleuchtung gewesen, erklärten betroffene Mütter auf ihren Blogs und Social-Media-Kanälen. Das Sorgenkind hatte endlich einen Namen. Plötzlich wussten nicht nur Stay-at-Home-Moms, sondern auch solche, die sich die elterlichen Aufgaben mit ihren Männern gleichberechtigter als die Generation vor ihnen teilten, wo der Hase des anhaltenden Unwohlseins noch immer im Pfeffer liegt. Auch ich beschäftigte mich auf meinem Blog mit Mental Load und haderte dabei mit mir selbst: Ich verstand das Problem, tat mich aber mit einer Lösungsfindung schwer. Ich dachte und denke immer noch oft genug: Ich mache doch schon so viel! Zur Veranschaulichung wage ich im folgenden Kapitel einen Blick zurück in die jüngere Vergangenheit.

Die große Vereinbarkeitslüge, Teil 1

Seit Ende 2017 arbeite ich in Teilzeit. Ein notwendiger Schritt. Nach damals dreieinhalbjähriger Erfahrung als Vollzeit-Arbeitnehmer UND Vater musste ich nämlich sagen: Analog, digital, scheißegal – Vereinbarkeit ist eine von der Wirtschaft erfundene Lüge. Es gibt sie nicht.

Ja, ich habe nach der Geburt beider Kinder Elternzeit genommen. Ja, ich habe Wochenenden. Nein, das hat mit Vereinbarkeit oder Gleichberechtigung nichts zu tun. Ein »ganz normaler Tag« sah bei uns, als ich im Frühjahr 2017 wieder in Vollzeit und meine Frau dreißig Stunden pro Woche arbeiten ging, so aus:

6:05 Uhr: Kid B (damals eins) wacht auf. Kid A (damals drei) kurz darauf. Nehme beide Kinder zu mir und bin um Ruhe und verschlossene Türen bemüht, damit wenigstens meine Frau ein paar weitere Minuten Schlaf kriegt. Meist vergeblich. Währenddessen: Frühstück, Anziehen, Windeln wechseln, Aufräumen, Taschen für den Tag packen, an einen Kaffee kommen.

8:25 Uhr: Kid A und B werden, wenn sie nicht gerade krank sind, mal zusammen im Auto, mal separat mit Bus und Bahn, quer durch Kreuzberg und Neukölln zu zwei verschiedenen Kindergärten kutschiert. Zu ihrem Wohl, klar, leider aber auch zu unserem logistischen Leid. Abgeholt werden wollen sie ja auch noch.

9:31 Uhr: Stolpere gerädert ins Büro und bin meist trotzdem der Erste, bevor alle anderen ausgeschlafen, frisch geduscht und guter Dinge eintrudeln.

14:10 Uhr: Durchgearbeitet bis hierhin. Meine zum Glück flexibel wählbare Pause nutze ich dafür, um Kid B aus der Krippe abzuholen. Bringe es heim zu meiner Frau, die kurz darauf Kid A abholen muss und von dort an wieder beide Kids am Hosenzipfel hängen hat – oder, genauso anstrengend, Kid B noch mal zum Schlafen kriegen muss, während Kid A Bücher vorgelesen kriegen will. Wenn sie »Glück« hatte, hat sie zwischen Bringen, Abholen und anderen täglichen Erledigungen Zeit für ein paar Mails, Telefonate oder gar ein Treffen gefunden. Zum konzentrierten Arbeiten reicht selbst im Homeoffice dieses Zeitfenster kaum.

18:00 Uhr: Verlasse pünktlich die Redaktion, eile nach Hause und bemühe mich, die Bespaßung zu übernehmen. Spielen, Abendessen vorbereiten, Baden, Umziehen, Aufräumen, ins Bett bringen.

20:29 Uhr: Abends, wenn die Racker nach etlichen »La Le Lus« und Schaukeleien dann endlich schlafen: Kinderläden für die künftige Betreuung erfolglos anschreiben, Möbel online suchen, Urlaubsziele überlegen, Papierkram, Haushalt, manchmal der kurze Versuch des Abschaltens durch Anschalten der Glotze. Dabei einpennen und wieder nichts für sich oder die eigene Zukunft geschafft haben. Nachts fünfmal wach werden dank des unruhigen Baby-/Kleinkind-Schlafs, und am nächsten Morgen um 6 Uhr geht der Wahnsinn von vorne los.

So weit, so »normal«, vermutlich. Ich erlaube mir trotzdem eine kurze Zwischenfrage: Geht das Elternsein eigentlich allen derart an die Substanz? Sagt einem ja lange niemand, weil bei anderen scheinbar immer heile Welt und Friede, Freude, Eierkuchen herrschen. Ich will mich nicht darüber beschweren, dass Kinder anstrengend sein können. Ich beschwere mich aber ganz grundsätzlich darüber, dass unsere Arbeitswelt und der daran hängende Rattenschwanz, das gesellschaftliche Konstrukt drum herum, das Elternsein zusätzlich erschwert: Du willst Kinder, um zum Beispiel, ganz egoistisch, deinem Leben endlich einen höheren Sinn zu geben? Da brauchst du eine größere Wohnung. Die kostet, gerade hier in Berlin, immer mehr. Also musst du mehr arbeiten gehen. Siehste halt deine Kinder weniger, die in eine schlecht besetzte Kita müssen, aber hältst das Rad am Laufen. Und fragst dich wieder nach dem Sinn. Die müde Katze beißt sich in den Schwanz.

Zugegeben: Manchmal war ich froh, mich in die Arbeit flüchten zu können. Weil ich dort zwar auch gefordert war und mitunter Dinge machte und an Meetings teilnahm, auf die ich keinen Bock hatte. Aber ich hatte wenigstens irgendeine Art von Abwechslung im Alltag, die meiner Frau verwehrt blieb. Mal keine vollgekackten Windeln, keine Kleinkinder und Babys mit sehr unterschiedlichen, aber starken Bedürfnissen.

Man hätte als konservativer Sechzigjähriger meinen können: Was hast du denn, Fabian? Gehst arbeiten, kümmerst dich um die Kinder, deine Frau hat immerhin alle paar Tage auch mal ein paar Stunden Zeit »für sich« – läuft doch! Nein, nichts lief. Als ich bei der Arbeit war, dachte ich an meine Familie und daran, was alles organisiert werden musste: Handwerkertermine, Kitasuche, Arzttermine, Einkäufe. Als ich zu Hause war, dachte ich an die Arbeit und daran, was dort noch alles getan werden musste oder könnte. Von welcher Seite man es auch betrachtete: Vereinbarkeit war nichts weiter als ein Euphemismus für Kompromisse. Für mich, für meine Frau, für die Kinder, für die Arbeit. Eine »Lose-lose-lose-lose«-Situation.

Ich wollte gerne beides mit hundertprozentiger Leidenschaft und Hingabe machen: jederzeit für meine Kinder da sein und mich im Job engagieren, einbringen, um bloß nicht noch »verwirklichen« zu sagen. Und ich wollte, dass meine Frau das Gleiche kann. Ein Ding der Unmöglichkeit, ich weiß, aber gleichzeitig doch wirklich nicht mehr als der naheliegendste Wunsch der Elternwelt. Und deshalb alles eine große halbherzige Scheiße, diese vermeintliche Vereinbarkeit.

Ja, Elternzeit ist schön und gut und wichtig. Aber ob ein Vater nun zwei Monate oder 24 nimmt: Diese Zeit ist eine Ausnahme und irgendwann vorbei. Und dann muss Mama wieder an die Arbeit, oder Papa, oder beide, ausgeglichen wird das nie sein, und wieder steckt ein Familienmitglied irgendwo zurück. Mutter, Vater oder Kind(er). In einer besseren Arbeitswelt müsste es immerhin so sein, wie Philipp Menn bei *Edition F* kommentierte: »Wenn mehr Männer zugunsten ihrer Kinder monatelang aus dem Job aussteigen, dann ist das nicht nur gut für die Vater-Kind-Bindung. Dann muss die Gesellschaft Lösungen finden für die Vereinbarkeit von Familie und Beruf. Dann ist das Risiko für Arbeitgeber bei Neueinstellungen plötzlich geschlechtsneutral: Nicht nur die Frau kann schwanger werden, sondern auch der Mann könnte ja mehrere Monate wegen Elternzeit fehlen.«

Wer sich fragt, wo denn darüber hinaus und nach all dem Gemecker mein eigener Lösungsvorschlag gewesen wäre (bedingungsloses Grundeinkommen, gute (!) Kitaplätze für alle, noch flexiblere Arbeitgeber und was für Vorschläge man da hätte haben können) – ich hatte keinen. Dieses Dilemma schien unlösbar, deswegen war es ja so beschissen. Ich konnte nur hoffen, eines Tages, wenn die Kinder ausgezogen sein würden, alles halbwegs okay »hingekriegt« zu haben, ohne allzu viel bereuen zu müssen: Bereuen, dass die Kinder wegen zu viel Arbeit zurückstecken mussten. Bereuen, dass man seinen Stress auf den Alltag der Kinder übertrug. Bereuen, dass die eigene Partnerschaft so gelitten hat. Bereuen, dass man mit dem Kopf zu oft woanders war, und nicht immer dort, wo er und Bauch hingehören: zur Familie. Weil kein Arbeitgeber dir nach Jahren danken wird, dass du ihm zuliebe deine Kinder kaum gesehen hast. Die werden sich das aber umgekehrt schon gemerkt haben.

Die ultimative Lösung zum immerwährenden Hausfrieden bei uns und all den anderen Eltern habe ich übrigens noch immer nicht gefunden, obwohl ich mich mit der Frage viel beschäftigt habe. Aber einen Ansatz, die Dinge hin zu mehr Gleichberechtigung zu verändern. Immerhin begriff und begreife ich theoretisch: Wer seine Beziehung verbessern will, muss bei sich selbst anfangen und lernen, sein Gegenüber zu verstehen. Nicht nur abarbeiten, sondern mitdenken. Ein Großteil der Männer steht da auf dem gesellschaftlichen Weg zu modernen, selbstverständlichen, anwesenden und gleichberechtigt sowie gleichverpflichtet erziehenden Vätern vermutlich an der gleichen Stelle wie ich – am Anfang und zumindest mit dem Wunsch, größere und festere Schritte zu wagen. Ein erster, wichtiger Schritt, um den anderen – und vor allem die andere – zu verstehen, ist, sich mit dem Thema Mental Load zu beschäftigen.

HAUSAUFGABE:
Wenn du an deinen Alltag als Elternteil und im Job, ob angestellt oder selbstständig, denkst, welches Gefühl stellt sich zuerst ein: Erfüllung oder Erschöpfung? Keine Sorge: Wer aus vollem Herzen »Erfüllung« ruft, ist mir suspekt.

Der Aufschrei
der modernen Frau

Liebe Eltern: Der Mann in eurem Haushalt bringt den Müll runter, wenn die Frau ihn darum bittet? Er erledigt den Einkauf mithilfe ihrer Liste? Er bringt die Kinder zu dem Geburtstag, für den sie vorher das Geschenk besorgt und eingepackt hat? Bravo, dann seid ihr Teil eines Paars, das von sich behauptet, sich seine Arbeiten 50/50 zu teilen. Die Mutter hat trotzdem das Gefühl, dass die familiäre Last und Verantwortung auf ihre Schultern drückt? Think again: Der Mann bringt selbst, und zwar ohne Aufforderung, den Müll runter? Er kauft neue Milch, wenn, oder besser noch, bevor die alte leer ist? Er weiß, was Kindergartenkumpel Emil vergangenes Jahr von seinem Kind zum Geburtstag bekommen hat, und kauft dieses Jahr etwas anderes? Bravo, erst dann befindet ihr euch in einer Partnerschaft, in der die Arbeiten wirklich 50/50 geteilt werden. Weil ein maßgeblicher Teil der Erledigung von Aufgaben eben nicht nur in deren Ausführung liegt, sondern auch in ihrer Planung.

»Ach, hättest du nur was gesagt! Ich hätte dir doch geholfen!«

Dieser Kernsatz ist der wohl meist zitierte aus dem besonders unter Müttern beliebten Comic der französischen Künstlerin Emma.[27] Darin geht es um eine Frau, die mit Kind auf dem Arm kocht, staubsaugt, aufräumt und Termine macht, während ihr Mann seelenruhig im Sessel seine Zeitung liest. Irgendwann flippt sie aus, er versteht seine Welt nicht mehr und antwortet: »Ach, hättest du nur was gesagt! Ich hätte dir doch geholfen!«

Die zentrale Aussage lautet: Männer tun zwar, was ihre Frauen ihnen sagen. Aber sie denken nicht mit. Klar, klingt als derart pauschales Urteil ein bisschen nach Mario Barth, nur ohne Pointe. Aber dass geschlechtertypische Rollenbilder durchaus existieren, dürfte unstrittig sein. In diesem Comic fällt auch der Begriff des Mental Load im Zusammenhang mit Partnerschaft beziehungsweise Elternschaft zum ersten Mal.

Der Ausdruck Mental Load trendete 2019 zuerst unter sogenannten Mamabloggerinnen und erfährt seitdem eine Welle des Zuspruchs. Klingt nach Nische, gehört aber in die Mitte der Gesellschaft: Mental Load beschreibt die Last von viel zu vielen Frauen, die jegliche Verantwortung für Alltagsorganisation aller Familienmitglieder, Haushalt, Wohlbefinden der Kinder und des Mannes allein tragen müssen. Man könnte auch »unsichtbare Arbeit« sagen. Väter sind Teil des Problems, eine männliche Sicht kam in den bisherigen Debatten trotzdem stets zu kurz. Wichtig ist sie, weil zur Problemlösung von Eltern und dem Aufbringen von gegenseitigem Verständnis in der Regel auch mindestens zwei Seiten gehören.

»Mental Load umschreibt die in teilweise bis zur totalen Überlastung gehende Last, für alles immer allein verantwortlich sein zu müssen«, erklärte mir Patricia Cammarata, als ich sie für meinen Blog Ende 2019 erstmalig zum Thema interviewte. Patricia ist Mama- und Digitalthemenbloggerin der ersten Stunde, Autorin und Podcasterin. Sie hat den Begriff des Mental Load in die deutsche Elternblogosphäre und von dort aus weitergetragen. 2018 hielt sie einen Vortrag beim »Female Future Force Day« über die hinter dem Begriff steckende Problematik, die auch ihre persönliche war.

Dass das Sorgenkind – Frau denkt an alles, Mann nur an seine Arbeit – plötzlich einen Namen hatte, kam nicht nur für sie einer Erleuchtung gleich. Nach dem Vortrag seien andere Frauen an sie herangetreten und hätten ihr mit Tränen in den Augen gedankt. Endlich hätten diese Frauen gemerkt, dass sie nicht allein mit ihrem Problem sind – und Cammarata erkannte ebenfalls erstmals, dass offenbar nicht nur sie unter dem Mental Load litt, sondern auch sehr viele andere Mütter.

»Als ich nach dem dritten Kind wieder arbeiten ging, stand ich kurz vor einem Burn-out«, erinnerte sich Cammarata. Sie konnte sich aber nicht erklären, warum: »Meine Bedingungen waren doch perfekt! Ich hatte einen tollen Arbeitgeber, der flexible Arbeitszeiten, wenig Reisetätigkeit, keine wichtigen Meetings vor 10 Uhr und nach 16 Uhr, Vertreterregelungen und so weiter ermöglicht hat. Alles war gut dokumentiert. Die Kinder gingen zu einer hervorragenden Kinderbetreuung. Und mein Mann hat ja auch im Haushalt mitgeholfen und seine Hemden selbst gebügelt.«

Beim Stichwort »geholfen« lag der Hund begraben. Warum finden sich so viele Frauen und Mütter, zumindest nach außen hin, damit ab, dass ihr Mann im Haushalt und in der Erziehung »hilft«? Es ist doch auch sein Haushalt, es sind doch auch seine Kinder! Cammarata hatte zu lange nicht verstanden, was auch in ihrem Leben vor sich ging: »Wir haben unsere Probleme als Elternpaar nicht ausgehandelt bekommen. Dies mündete in der Scheidung. Erst Jahre später las ich diesen Comic und es fiel mir wie Schuppen von den Augen.«

Wer das Problem des Mental Load noch besser begreifen will, lese Cammaratas Buch *Raus aus der Mental-Load-Falle* oder Laura Fröhlichs Ratgeber *Die Frau fürs Leben ist nicht das Mädchen für alles.*[28] Wer als Mann nun denkt: »Was soll denn das Gejammer, dafür arbeite ich den ganzen Tag und bringe das Geld nach Hause!«, hat das

Problem leider noch nicht verstanden, ist aber Teil der Ursache. Dass der Mann nichts tue oder keinen Financial Load trage, hat schließlich niemand behauptet – nur wird viel zu oft verkannt, dass eine Mutter und Hausfrau mindestens genauso viele Stunden arbeitet wie ihr in Vollzeit scheffelnder Mann. Nur eben unbezahlt, Stichwort Care-Arbeit. Beispiel gefällig? Bitte hier und in Teil 3 weiterlesen.

HAUSAUFGABE:

Sucht im Internet nach einem Mental-Load-Test. Es gibt mehrere, zum Beispiel von Patricia Cammarata (exklusiv für Mütter)[29] oder auf der Homepage des »Equal Care Day«[30]. Macht ihn gemeinsam als Paar. Dann kriegt ihr ein besseres Gefühl dafür, wie die Rollen bei euch wirklich verteilt sind – und könnt dies bei Bedarf sukzessive ändern.

Der anstrengendste Job der Welt

Care-Arbeit kann der anstrengendste Job der Welt sein. Gefühlsarbeit, also das tägliche Hineinversetzen in die Bedürfnisse aller Familienmitglieder, ist auch Arbeit. Frauen und Mütter spüren und wissen das seit Ewigkeiten. Männer und Väter lernen zunehmend, dass sie sich mit dem Argument, den ganzen Tag auf der Maloche gewesen zu sein und morgen wieder hin zu müssen, keinen Freifahrtschein für eine geruhsame Nacht verdient haben. Die Mutter, die mit Baby oder Kindern zu Hause ist, hat schließlich ebenso geackert. Vermutlich sogar pausenloser.

Wenn das Unwohlsein der modernen Mutter einmal als solches benannt und bekannt ist: Wie bitte erreicht man Väter mit dem Erkennen eines Problems, das vordergründig überwiegend Mütter umtreibt? Obwohl Männer doch ein maßgeblicher Teil von Ursache, Symptomen und Lösung sind? Etwa nur über den Umweg der Frauen, sodass schon wieder eine Last mehr bei ihnen liegt? Patricia Cammarata antwortete mir in unserem ersten Gespräch 2019 darauf: Es müsse insgesamt ein Bewusstsein dafür geschaffen werden, wie solche Themen konstruktiv angesprochen werden könnten. Sie erhält regelmäßig Feedback von ihren Blogleserinnen, dass deren Männer wütend reagierten, wenn sie versuchten, Aufgaben neu und anders zu verteilen. Ich will diese Reaktion nicht schönreden – nachvollziehen aber kann ich sie durchaus. Auch mir ging und geht es noch immer oft genauso: Ich verstand oder verstehe nicht, wenn meine Frau mal wütend auf mich ist, OBWOHL ich doch gerade wieder drölf Punkte unserer niemals endenden To-do-Liste abgearbeitet habe. Auch ich erwische mich oft genug beim Verfolgen des Alltagsmottos: «Der Familie geht es gut, wenn es der Mutter gut geht.« Immerhin weiß ich heute aber, dass dazu ein bisschen mehr gehört, als zum Valentinstag Blumen zu schenken und mal im Haushalt »zu helfen«. Vielleicht sollte der Leitspruch lauten: Männer, denkt selbst mit – und hört zusätzlich auf eure Frauen.

Nun stellt sich die Anschlussfrage, was man zur Lösung des Problems tun kann, wenn es als solches einmal benannt ist. Reden, klar, am besten immer wieder und das nicht nur mit dem Partner oder der Partnerin. Als Praxistipp schlägt Cammarata ferner einen mindestens temporären Rollentausch vor. Wenn zum Beispiel Väter bewusst Elternzeit allein nehmen, während die Mutter arbeiten geht und eben nicht in jeder Sekunde mit Rat und Tat zur Seite steht, bekämen sie ein ganz anderes Gefühl für die bisher meist von Frauen geleistete Arbeit – und für ihre eigenen Rollen und Bedürfnisse.

In einem weiteren Gespräch, das wir 2021 für einen Artikel im Familien-Sonderheft des Berliner Stadtmagazins *TIP* sowie für dieses Buch führen, meint Cammarata: Väter könnten nicht nur über ihre Frauen erreicht und sensibilisiert werden, sondern auch durch andere Männer. Übrigens ein Grund dafür, warum ich dieses Buch hier geschrieben habe. Cammarata weiter: Väter, die gewillt sind, ihre Rolle anders wahrzunehmen, gingen bereits durchaus in bestimmte Strukturen hinein, zum Beispiel über Väternetzwerke in Unternehmen, sowie mit positivem Beispiel voran. Sie fragen andere Männer oder sollten sie fragen: »Wollt ihr alle mit fünfundvierzig einen Herzinfarkt haben? Wollt ihr euch wirklich über eine

Fünfzig- bis Sechzigstundenwoche definieren? Oder wollt ihr vielleicht auch mal sehen, dass Vereinbarkeit nicht nur den Frauen guttut, sondern auch den Männern? Dass sich dadurch andere Felder erschließen?« Dies könne, so Cammarata, auch ein Hebel sein. Es gebe immer Väter, die komplett verloren sind. Weil sie so fest in ihren Rollen steckten und Kinder für sie Statussymbole seien. So wie man ein Auto hat, haben sie zwei Kinder und eine Frau. Aber dieser Anteil würde immer kleiner. Es brauche Vorbilder, sagt sie. Gleichstellungsbeauftragte fokussierten sich zum Beispiel zunehmend auf Männer, weil etwa das Thema Mental Load auch sie angeht. Man müsse die Partner direkt oder indirekt mit ins Boot holen und ihnen den ein oder anderen Aha-Effekt bescheren. Ihnen aber auch den Raum geben, für ihre Nöte Lösungen zu finden. Dann bewege sich auf Dauer was.

Eine Teilaufgabe, die weiterhin bei zumindest einigen Frauen liegt, ist die des Loslassens: Tatsächlich gibt es Mütter, die ihre ihnen angestammten Aufgaben gar nicht abgeben wollen, weil sie das – traditionelle Rollenbilder redeten ihnen das über Jahrzehnte ein und trainierten sie tatsächlich darin – doch am besten können. Die nicht zulassen, dass Papa auch ganz gut allein mit den Kindern kann, selbst wenn er sie auf dem Klettergerüst höher klettern lässt, als ihr lieb wäre. Die Angst haben, dass die Wohnung zur kontaminierten Müllkippe wird, wenn er sie putzt (und selbst wenn: Manchmal gibt es Wichtigeres als einen perfekt strahlenden Haushalt). Die Forschung nennt das Maternal Gatekeeping – der *Spiegel* entblödete sich im August 2021 nicht, zu diesem Thema eine Titelgeschichte zu veröffentlichen und damit die Schuld, dass Väter sich noch immer so wenig kümmerten, mal wieder auf die Mütter zu schieben.

Was jedoch stimmt: Nur weil der Mann manche Dinge anders macht als seine Frau, heißt das nicht, dass er sie schlechter macht. Väter sind nicht die schlechteren Mütter. Sie sind die Väter. Gilt übrigens auch umgekehrt. Also, Väter und Mütter: Fordert selbst mehr ein. Auch wenn der bisherige Weg so einfach scheint.

HAUSAUFGABE:

Wie wäre es mit einem Experiment zur Rollenneuverteilung: Mindestens eine Woche lang tut die Frau in eurem Haushalt so, als wäre sie nicht da (oder noch besser: Sie verreist tatsächlich mal allein). Der Mann übernimmt ohne vorherige Anweisungen vom Frühstück bis zur Gutenachtgeschichte alles, was im Familienalltag so ansteht und bedacht werden muss. Ich mutmaße: Es wird anstrengend – aber ihr kriegt das hin und seid danach gereizter, aber auch empathischer als vorher.

Ich habe (nur) zwei Wochen versucht, die Stillnächte meiner Frau durchzumachen

Lasst euch von Bekannten und Magazinen nichts vormachen: Elternsein kann selbst bei der aufrichtigsten 50/50-Aufteilung die Hölle sein. Bei uns dominierte nach der Geburt von Kid B ein Dämmerzustand wie in einer Zwischenwelt. Windeln wechseln, Geschrei aushalten, gröbste Stürze vermeiden, dazwischen klägliche Versuche von Erziehung. Vor allem aber: schlaflose Nächte und zombiemäßige Tage. In den Stillmonaten ganz besonders bei meiner Frau.

In den härtesten Phasen des ersten Lebensjahres von Kid B, als ich außerhalb der mehrmonatigen Elternzeit und Teilzeit in Elternzeit noch in Vollzeit arbeitete und noch nichts von Mental Load und Co. wusste, sahen unsere Nächte so aus: Bevor wir Dutzende andere Schlafkonstellationen ausprobierten, lag ich mit Kid A im Kinderzimmer, während meine Frau Action im Schlafzimmer hatte: Das müde Ding schlief nicht ein, dann doch, dann wieder nicht, war unruhig, also: stillen, stillen, stillen. Schnuller rein, Schnuller raus. Aufstehen. Schunkeln. Leise singen. Hinlegen. Schlafen. Aufwachen. Vadder kommt und kann nicht helfen. Also wieder stillen, stillen, stillen. Schnuller rein, Schnuller raus, alles von vorne, und so weiter und so fort. Bis irgendwann die Sonne aufging.

Entsprechend fertig und genervt war besonders meine Frau in dieser Phase, entsprechend angespannt die Stimmung. Der Vorwurf, der leider auch der Wahrheit entsprach: Ich würde zwar dies und das und jenes machen, aber ich könne ja wenigstens nachts schlafen und »dürfe« auf der Arbeit etwas anderes als nur Kinderwahn erleben. Ich verstehe sie, behauptete und behaupte ich oft. Aber tue ich das wirklich?

Und so kam es seinerzeit zur Eskalation: »Pass auf!«, forderte meine Frau mit einer Endgültigkeit im Gesicht, die ich dank meiner müden Augen nur erahnen konnte. »Ab heute stellst du dir den Wecker auf zweistündlichen Alarm. Dann bleibst du 10 bis 15 Minuten aufrecht sitzen. Um 6 Uhr stehst du auf und gibst Gas. Das machst du jetzt mal ›nur‹ zwei Wochen lang. Wenn du dann immer noch so dreist behauptest, dass du mich verstanden hast ...«

Irgendetwas sagte mir: Das Argument, dass es doch keinem helfe, wenn beide völlig durch sind, bringst du jetzt lieber nicht noch mal. Ich legte los.

Damit keiner sagen kann, er oder sie wäre vor dem Kinderhaben nicht gewarnt worden, habe ich das Protokoll dieser 14 langen und gleichzeitig sehr kurzen Nächte auf meinem Blog *newkidandtheblog.de* veröffentlicht. Es geht darin um Fieberträume, Halbschlaf, Spazier- und Toilettengänge, FRÜHstücke, Bilderbücher, Marathonläufer nach Kilometer 2, Erkältungen, Schnullersuchen, blank liegende Nerven und Kinder, WhatsApp-Nachrichten, Zombie-Meetings im Büro und schlechte Gewissen.

Ich erspare es euch an dieser Stelle in seiner Ausführlichkeit, hier lediglich ein paar Auszüge, um nicht Teaser zu sagen:

Nacht 3, 1:58 Uhr: Das kranke Baby schläft nach dem Stillen wieder. Nein, doch nicht: Es wälzt sich, jammert, Schnuller rein, raus, Husten. Nehme es aufrecht wegen Schleim, es wird wach. Drückt es? Auf zum Wickeltisch. Nichts drin. Oh, doch! Und in der neuen Windel auch wieder! So. Müde, ich? Schunkle das Kind auf meinem Arm, singe und summe meine Standards. Es quält sich wie ein Fisch im Netz, bei »74/75« von den Connells gibt es nach oder auf. Setze mich mit ihm ins Bett und lege es fünf Minuten später ab. Um 2:43 Uhr. Das waren aber lange zehn Minuten, die ich eigentlich wach bleiben sollte!

Nacht 4, 7:30 Uhr: Sie: »Na, wie viele Nächte hast du schon?« – Ich: »Ich beschwere mich nicht!« – Sie: »Du warst schon nachts genervt und beim Aufstehen, das bist du sonst nicht! Ich sag's dir, es fängt jetzt langsam an!«
Später gebe ich zu, wie hart diese Nacht war. Meine Frau lacht nur müde und sagt: »So, und jetzt fünf Monate am Stück!« – Ich: »Aber du warst nicht immer mit ihm in einer Tour derart lange und oft wach und liefst rum und er jammerte und überhaupt!« – Sie: »Fang bloß nicht an, das zu vergleichen!«
Mittags erreicht mich im Büro eine Frage via WhatsApp, die kranken Kinder schlafen gerade: »Auf einer Schrecklichkeitsskala von 0 bis 10, wo lag die letzte Nacht für dich? Nur um ein Gefühl zu kriegen.« Kann mich an meine Antwort nicht erinnern.

Nacht 6, 3 Uhr: Überlege kurz, die Kinderwäsche wegzubügeln. Laufe mit Kid B in der Trage seit 20 Minuten hin und her, er schläft erst wieder ein, als ich seine Hand halte. Summe »Stand By Me« vor mir her, immerhin. Warum kennt man eigentlich tausend Lieder, wenn einem abends doch nur die immer gleichen fünf einfallen?

Nacht 7, 4:32 Uhr: Baby schläft nach einem Snack, verlasse mit ihm das Zimmer, um meiner Frau kurz Ruhe zu verschaffen. »Aber schnell wiederkommen, seine Bar läuft sonst aus!«, sagt sie – stillende Mütter wissen, wovon die Rede ist. Mehr Nachfrage steigert das Angebot.

5:13 Uhr: Nächste Stillsitzung.

Nacht 8: Oh. Halbzeit! Ja, ich bin sehr müde. Wie viel müder als vorher, das weiß ich nicht. Diese Aktion hier läuft nicht wie geplant: Ich stelle mir nicht alle zwei Stunden den Wecker und werde aus Prinzip wach. Ich werde wach, weil es wirklich nötig ist. Und muss sagen: Eigentlich viel besser so, wenngleich anstrengender. Wird zumindest nichts daraus, mir nachts für die Wachphasen ein Buch an die Seite zu legen, während Kid A neben mir pennt und nebenan meine Frau und Kid B liegen oder sitzen. Weil ich WIRKLICH zu tun habe.

Nacht 10, 0:06 Uhr: Kid B wird gestillt. Liege mit Kopf an die Wand gelehnt daneben und tippe dieses für die Außenwelt so belanglose, aber realitätsabbildende Zeug hier. Augen fallen ständig zu. Euch auch? That's Elternleben! Er schläft nicht wieder ein. Spaziere mit ihm durch die Wohnung. Ich selbst schlafe fast im Stehen ein, wie ein Betrunkener, der ich lange nicht mehr war.

Nacht 13: Morgen sind die zwei Wochen rum. Kein Grund zur egoistischen Vorfreude: Ich befürchte eh, dass ich schön weitermachen soll, wenn Kid B wieder gesund ist und ich mich nicht wieder auf die relativ faule Haut legen kann. Meine Frau stemmt das nachts ja auch schon seit Monaten. Und sie hat recht.

Nacht 14, Finale, 7:50 Uhr: Sie:»Und? War 'ne gute Nacht, oder?« Ja, war sie. Dass man sich über drei Stunden durchgehenden Schlaf so freuen kann. Traurig und verständlich.

Die zwei Wochen sind rum, sagte ich sodann möglichst emotionslos zu meiner Frau. Sie fragte nach meinem Fazit. Ich antwortete wahrheitsgemäß, dass Kid B ja nun krank gewesen sei und ich – nein, wir – deshalb eh öfter und länger wach waren. Und dass eine Nacht wie die letzte mit längeren Schlafphasen und einem Baby, das sich schnell wieder beruhigen lässt und einschläft, ja, dass so eine Nacht zwischendurch schon mal guttue. Dass ich grundsätzlich schon sehr müde sei, aber nicht so viel krass müder als vorher. Da war ich nachts ja auch wach, ist ja nicht so, als habe ich vorher gemütlich durchgeschlafen, aber ein bisschen mehr wohl schon, mit ruhigem Kid A im Kinderzimmer, doch doch, das mag stimmen.

Sie erinnerte mich daran, dass es ja nicht allein die Nächte seien, die so fertigmachten, sondern dazu die Tage, an denen sie keine freie Minute habe, nicht mal kurz mit der U-Bahn ins Büro fahren oder sonst was allein machen könne, nicht mal auf Toilette gehen. Ihre einzige Aufgabe: Kind tragen, stillen und bespaßen, und das nach solchen Nächten. Das mache eine*n zum Zombie.

Ich befürchtete fast, dass sie mir das als nächsten Selbstversuch, als Erweiterung vorschlagen würde. Tatsächlich dachte ich später an jenem Tag im Herbst 2016, als Kid B zwei Stunden in der Trage schlief und danach eine Banane verdrückte, noch selbst daran, dass mir das »mal« Spaß machen würde, mich auch tagsüber allein um Kid B zu kümmern. Einfach, weil es jetzt wegen Stillen noch nicht ginge, aber bald gehen würde. Denn ja: Ich hatte bereits drei Monate Elternzeit und seitdem Teilzeit für sechs weitere Monate, auch bei Kid A war ich länger zu Hause, selbstverständlich. Aber nie so ganz allein – meine Frau war immer da und wir halfen uns gegenseitig. Sie aber hatte, wann immer ich arbeiten war, tagsüber niemanden, der ihr »mal kurz« das Kind abnehmen kann, wenn es mal gar nicht mehr geht. So viel zum Thema Gleichberechtigung und dass man sich als Eltern alles teilt. Eine Lüge, denn: Das meiste, so weiß ich auch von Freund*innen, bleibt doch an der Frau hängen. Ob es nun »die Natur so will«, die Frau, der Mann, beide oder die Gesellschaft. Es ist so. Und wenn wir nicht gestorben sind, schlagen wir uns noch heute die ein oder andere Nacht um die Ohren. Nicht mehr stillend und seltener so krass wie früher, aber irgendwas ist ja immer. Eltern kennen das. Und werdende Eltern sollten sich bitte nicht verunsichern lassen: Ihr schafft das auch – ihr habt ja keine andere Wahl!

HAUSAUFGABE:
Der Mann in eurer neu gegründeten Familie schläft nachts durch, weil der Arme tagsüber arbeiten muss? Die Frau mit dem Baby zu Hause muss das auch, nur anders. Ich animiere euch deshalb zu einem ähnlichen Versuch wie dem von mir beschriebenen. Es wird kein Spaß, aber ihr werdet ein wenig gleichmäßiger auf dem Zahnfleisch gehen.

Regretting Fatherhood

Wer mehr über die hohen Ansprüche gerade an Mütter wissen will und die Ungleichverteilung der familiären Lasten, schaue sich folgende Debatte an. Im Jahr 2015 veröffentlichte die israelische Soziologin Orna Donath eine Studie, die für Schlagzeilen sorgte: Für die Untersuchung mit dem Titel *Regretting Motherhood* befragte Donath Frauen, die es anhaltend bereuen, Mutter geworden zu sein, und die Rolle als Mutter negativ erleben. Ungeachtet ihrer Gefühle und Begründungen schlug diesen Frauen eine Welle der übergriffigen Empörung entgegen: Muttersein sei ein Geschenk und der erfüllendste Job der Welt, wie könnten sie bloß so etwas über ihre Kinder sagen, und überhaupt, heutzutage sei doch kaum noch wer gezwungen, Nachwuchs in die Welt zu setzen, wenn sie oder er nicht wolle. Die Tatsache, dass fast keine dieser Mütter aussagte, ihr Kind nicht zu lieben, sondern dass sie mit der Umwelt und Gesellschaft haderten, in der sie sie erziehen müssten, wurde oft überhört.

Der deutschsprachige Instagram-Account @regretting.motherhood will in dieser Hinsicht weitere Aufklärungsarbeit leisten und Betroffenen einen Safe Space zum Austausch bieten. Auch dort heißt es: »Es handelt sich bei Regretting Motherhood nicht um die Ablehnung der Kinder an sich, sondern lediglich um die Ablehnung der Mutterschaft (und auch der Mutterrolle). Es geht um Mütter, die es anhaltend bereuen, Mutter geworden zu sein und die Rolle als Mutter negativ erleben und gleichzeitig ihr Kind lieben.« Ihre

Kritik an der Art von Mutterschaft, wie sie sie erleben, zielt dabei vor allem auf Erwartungshaltungen ab: »Die herrschenden patriarchalen Ideologien der Mutterschaft definiert die Mutterliebe: Eine gute Mutter empfindet immer und in jeder Sekunde ihres Daseins nichts als reine Liebe und unverfälschte Freude für ihre Kinder. Dieser verbreitete Muttermythos besagt außerdem, dass eine Mutterschaft der Lebenszweck aller Frauen sei.« Gemeint ist unter anderem der unerfüllbare und widersprüchliche Erwartungsdruck, gleichzeitig eine perfekte Mutter, eine perfekte Arbeitnehmerin, eine perfekte Ehefrau und eine perfekte Hausfrau zu sein – in einer Gesellschaft, die all das nicht zulässt und Frauen an den Pranger stellt, die versuchen, nur eines davon zu sein. Oder mehreres. Oder keines.

Ich raffe »Regretting Motherhood« hier nicht nur deshalb grob zusammen, um zu veranschaulichen und zu verstehen, wie es gerade modern gedachten und gesehenen Frauen ergehen kann. Ich möchte kurz die Frage stellen: Warum gibt es kein #RegrettingFatherhood (außer bei den Typen, die nach einem One-Night-Stand Alimente zahlen müssen)? Die Antwort ist meiner Meinung nach einfach: Weil an Väter noch nie derartige Ansprüche gestellt wurden wie an Mütter – und weil es im Zweifel Mütter sind, die mit all dem Scheiß allein dastehen. Klar, auch Männer fühlen sich zunehmend zerrissen zwischen Job, Familie und Hobbys. Ich will männliche Sorgen gar nicht kleinreden. Vorrangig aber »helfen« sie weiterhin bloß und erfahren durch ihre Vaterschaft keine oder vergleichsweise wenig Nachteile.

Damit weniger Frauen ihre Mutterschaft bereuen, müssen sich nicht allein die Väter verändern. Unsere Gesellschaft muss erkennen, dass Mütter es zuerst sich selbst recht machen dürfen und müssen und nicht bewertet werden sollen. Sie wollen mit Kind zu Hause bleiben? Bitte schön. Sie wollen wieder arbeiten gehen? Go for it. Sie gehen in High Heels vor die Tür? Oder Birkenstocks? So what! Weg von der Fremdbestimmung, hin zur Selbstbestimmung. Sie müssen das alles nicht nur machen dürfen, sondern auch können. Erwartungshaltungen von Freund*innen, Familie, Arbeitgeber*innen und sich selbst stehen dabei oft im Wege. Weniger als bei Vätern, die es ja auch zunehmend allen recht machen wollen und sollen.

Vielleicht würden wir alle ein bisschen besser und entspannter leben, wenn wir auf meine Oma Paula hören würden. Sie versuchte zu Lebzeiten zwar auch, es allen recht zu machen. Aber andere Menschen verurteilen und schlecht über sie sprechen, das tat sie nie. Ihr plattdeutscher Kommentar, wann auch immer sie nur ein kleines bisschen schnippisch sagen wollte, dass uns das mitunter fragwürdige Gebaren von Nachbar*innen oder Mitschüler*innen nichts angehe, lautete: »Lottse doch« (hochdeutsch: »Lass sie doch«). Haben Die Ärzte ihr für den Song »Lasse redn« eigentlich jemals Credits gegeben?

Reality-Stars, Rollenvorbilder und Realitäten

Ein aufgeklärtes Mindset zu Mental Load und Gleichberechtigung im Privaten ist schon mal eine gute Sache. Was aber, wenn öffentlich sichtbare Vorbilder fehlen? Es gibt sie fraglos, wir schätzen sie – und handeln oftmals trotzdem anders. Es geht um einflussreiche Menschen, die in der Öffentlichkeit stehen und die wir für bestimmte Standpunkte oder Vorbildfunktionen abfeiern. Zum Beispiel Barack Obama, den wir als Vater, Ehemann, Präsident und Bürger so bejubeln, während wir als Väter selbst aber oft andere Prioritäten setzen. Warum geht der Wandel so träge vonstatten? Patricia Cammarata nennt es in einer kurzen Antwort so: Es gibt kein Wissensdefizit, aber ein Handlungsdefizit. Diese Diagnose ist gar nicht so selten, wenn wir gesellschaftlichen Wandel beobachten, und sie begegnet einem gerade in der Diskussion um Geschlechterrollen immer wieder. Der Soziologe Ulrich Beck sprach beispielsweise von einer »verbalen Aufgeschlossenheit bei weitgehender Verhaltensstarre«, welche die »harmonische Männersicht der Geschlechterordnung«, wie sie noch in den 70er-Jahren beobachtet worden sei, abgelöst habe.[31] Es folgt die lange Antwort, um das zu erklären.

Mein alter Bekannter Richard, der selbst zwei Kinder hat, rät mir während eines Gesprächs über mein Buch: »Sag nicht, was Leute machen sollen. Das finde ich langweilig und falsch. Sag lieber, warum Dinge so sind, wie sie sind. Zeige Gegensätze auf!« Er meinte das so: Große Reden schwingen sie alle. Viele Menschen meinen, sie lebten wirklich da, wo sie zu leben glauben. Das würden sie in den wenigsten Fällen aber wirklich tun, meist packten sie sich lediglich bestimmte Sticker auf ihr Profil, um im Freundeskreis zu gefallen. Leute trauten sich vieles nicht zu sagen, sie seien oft konservativer, als sie sich geben, sie stünden zwischen den Stühlen. Man will trotz allen Haderns seiner Bubble schließlich gefallen. Als *woke* wahrgenommen werden. Richard vergleicht das mit der Politik seines Geburtslandes: »FPÖ wählen ist wie wichsen. Jeder macht es, keiner spricht darüber.«

Nun bin ich kein Psychologe, eine Ableitung aus dieser Erkenntnis erscheint mir aber logisch: Natürlich jubeln wir Menschen zu, die anders sind als wir. Weil sie zum Beispiel für Ideale oder Lebensentwürfe stehen, die wir gutheißen. Die wir gerne verinnerlichen würden, auch wenn unsere Realität noch eine andere ist. Die für das mutmaßlich Richtige stehen. Für das, wofür wir selbst gerne stehen würden.

Warum also erschien uns vor der US-Präsidentschaftswahl 2020 Joe Biden als Heilsbringer, während wir doch wussten, dass er das nicht sein wird? Bloß, weil er mit Donald Trump das personifizierte Böse zurück nach Florida schicken würde? Weil er als Vize-Präsident von Barack Obama schon einmal auf der vermeintlich guten Seite der Macht stand? Bestimmt auch deswegen. Vor allem aber, weil wir es hier unterm Strich mit einem starken Menschen zu tun haben würden, dessen Familiengeschichte und Karriere von Schicksalsschlägen geprägt war und der sich nicht scheut, Gefühle zu zeigen: Seine erste Frau kam ebenso wie die einjährige Tochter 1972 bei einem Autounfall ums Leben. Sein ältester Sohn Beau starb 2015 im Alter von 46 Jahren an den Folgen eines bösartigen Hirntumors.

2020 kursierten Fotos von Joe Biden, auf denen er seinen 34-jährigen Sohn Robert umarmt und küsst. Der rechte TV-Moderator John Cardillo verhöhnte die beiden dafür: Dies sei doch kein angemessener Umgang zwischen Vater und Sohn! Zu Recht fing sich Cardillo einen Shitstorm dafür ein, Biden schlug eine Welle der Solidarität entgegen. Die Grundaussage: Natürlich dürfen und sollten Männer ihre Gefühle öffentlich zeigen. Dies sei ein Zeichen von Stärke, nicht von Schwäche – und ermutige viele andere Männer dazu, ihr eigenes Bild von Männlichkeit zu reflektieren und neue Vorbilder zu suchen und zu finden.

Weshalb ich davon berichte? Wir solidarisierten uns mit Joe Biden, weil wir wussten, dass er schlichtweg das Richtige tat – ganz unabhängig davon, ob er in anderen Lebens- oder Arbeitsbereichen fehlbarer ist oder nicht. Er zeigte öffentlich Liebe und Menschlichkeit und tat damit etwas, das zu viele Männer nicht tun. Vielleicht, weil sie dies von ihren Vätern möglicherweise nicht so erfahren haben oder aus anderen Gründen nach außen hin den harten Hund geben.

Die Familie trotz Karriere nicht zu vergessen und unseren Kindern gleichberechtigte Rollen vorzuleben, ist, da sind wir uns einig, etwas unbedingt Unterstützenswertes. Bloß handeln wir alle praktisch oft anders, als wir theoretisch denken, und es ist wichtig, uns dies bewusst zu machen. Um den eigenen Standpunkt zu checken – und um den Druck zu relativieren, der durch nach außen hin perfekte Influencer*innen bei einem selbst entstehen kann.

Like mich am Arsch: Der Einfluss von Instagram auf Eltern

Die Inszenierung ist perfekt: Action-Schauspieler und Ex-Wrestler Dwayne »The Rock« Johnson, den laut einer 2021 erstellten Umfrage rund die Hälfte aller US-Amerikaner*innen gerne als nächsten US-Präsidenten sehen würden, präsentiert seinen 228 Millionen Followern auf Instagram gern Fotos. Dann sitzt er mit seiner supersüßen Tochter im Puppenzimmer und trinkt Tee. Die Tasse und das Kind sehen neben seinen Oberarmen wie geschrumpft aus. Das wirkt, aber bewusst sollte uns allen sein: Das Internet ist nur ein scheinbar fortschrittlicher Ort. Auf Instagram, das in Deutschland monatlich von rund zehn Millionen Menschen aktiv und 2020 mit 65 Prozent mehrheitlich von Teenagern und jungen Erwachsenen zwischen 14 und 29 Jahren genutzte Social Network,[32] geht es auch in der Altersklasse der 30- bis 49-Jährigen mitunter reaktionärer zu als in Opas Sessel. Überholte Rollenbilder werden dort als perfekter Lifestyle propagiert. Gerade in der Elternblase haben ironischerweise die Accounts die stärkste Reichweite, die dies zelebrieren: Muttis posten Basteltipps und Haushalts-Fails ihrer Männer, Väter Schnappschüsse aus der Muckibude oder vom neuen Rasenmäher. Makellos gekleidete und gestriegelte Familien in glänzend sauberen und aufgeräumten Wohnungen oder Häusern zeigen professionelle Fotos mit Zahnpasta-Lächeln und entblöden sich nicht, dazu verdammte Sinnsprüche darüber rauszuhauen, *what a fucking happy family they are*. Sie singen Weihnachtslieder in ihren Storys, sie verlosen mit anderen Insta-Großfamilien Küchengeräte, sie versuchen sich auch mal an einem »Witz«. Hunderttausende folgen ihnen. Von den noch gefährlicheren sogenannten Tradwives, also Hausfrauen, die sich eine Rollenverteilung wie im Jahr 1959 zurückwünschen und sie entsprechend propagieren, spreche ich an dieser Stelle noch nicht mal ausführlich.[33]

Versteht mich nicht falsch: Ich bin nicht neidisch auf ihr Leben oder auf die Anzahl ihrer Follower. Ich gönne allen Menschen ihr Glück, bloß glaube ich manchen leider nicht. Sie haben ein Unternehmen aus ihrer Familie und damit auch aus ihren Kindern gemacht.

Wäre alles halb so wild, man kann ja weggucken und entfolgen. Durch Inszenierungen wie diese wächst aber der Druck besonders auf Mütter (die mehrheitlich Kanälen wie den beschriebenen folgen), weil es bei ihnen zu Hause wahrscheinlich nicht so perfekt wie auf Instagram zugeht und weil es ihnen, befürchte ich, langfristig unmöglich guttun kann, sich in die heile Welt der anderen zu flüchten. Vätern übrigens auch nicht, vor allem dann nicht, wenn man selbst zwei Jahre daran scheitert, ein brauchbares Familienfoto hinzukriegen. Da bin ich sicher nicht der einzige.

HAUSAUFGABE:

Wann habt ihr euch zuletzt »influencen« lassen, im Guten wie im Schlechten? Durch welches Posting auf Instagram habt ihr euch aufrichtig bestärkt gefühlt, wer hinterließ bei euch mehr Druck und Unwohlsein als Empowerment?

Und die Jugend von heute?

Klassische Rollenbilder in und um uns halten sich hartnäckig, das dürfte mittlerweile klar sein – nicht nur in Anbetracht der Elternblase in den sozialen Medien. Wie aber sieht das bei den Jüngeren aus? Wie sehen sie ihre Zukunft als Mütter und Väter, im Job und anderswo? Und welchen Einflüssen sind sie eigentlich ausgesetzt? Um sich einer Antwort zu nähern, hilft die Shell-Studie 2019.[34] Die besagt, dass viele Jugendliche heute in Teilen wirklich so traditionell leben wollen wie die Generation vor ihnen.

Auf den ersten Blick vermittelt die jährlich erhobene Jugendstudie den Eindruck, die Kids seien alright, und natürlich sind sie das auch: 41 Prozent der Befragten bezeichnen sich als politisch interessiert. Sie wollen sich engagieren, sind zufrieden mit der Demokratie und haben zunehmend Angst vor Umweltverschmutzung und Klimawandel. Auch ihre Ansprüche an Vereinbarkeit von Familie und Beruf wachsen. Der Wunsch nach neuen Rollenverteilungen aber lässt sich aus der Studie nicht unbedingt ablesen.

Auf die Frage, wie Jugendliche sich die »partnerschaftliche Aufteilung der Erwerbstätigkeit wünschen würden, wenn sie 30 Jahre alt wären und ein zweijähriges Kind hätten«, herrscht traurige Einigkeit: In einer Partnerschaft mit kleinem Kind solle die Frau und nicht der Mann beruflich kürzertreten. 65 Prozent der Frauen würden gerne maximal halbtags arbeiten, 68 Prozent der jungen Männer würden sich genau das von der Partnerin wünschen, heißt es da etwa.

Immerhin: Viele Männer wünschten sich eine Rolle als »aktiver Vater«, der sich an der Kinderbetreuung beteiligt, und nur 41 Prozent von ihnen möchten in der beschriebenen Familiensituation in Vollzeit arbeiten. Von den jungen Frauen wünschten sich etwas mehr (51 Prozent), dass der Vater in Vollzeit arbeitet.

Insgesamt favorisieren nach den Ergebnissen der Studie aber mehr als die Hälfte (54 Prozent) aller Zwölf- bis 25-Jährigen ein sogenanntes männliches Versorgermodell: Zehn Prozent bevorzugen das Modell eines »männlichen Alleinversorgers« (der Mann versorgt die Familie allein und arbeitet dreißig oder vierzig Stunden in der Woche), weitere 44 Prozent präferieren das Modell eines »männlichen Hauptversorgers« (der Mann arbeitet mindestens dreißig Stunden, die Frau maximal halbtags).

Interessante Randnotiz: In den alten Bundesländern denken junge Menschen offenbar traditioneller. 58 Prozent der Männer und 56 Prozent der Frauen wünschen sich demnach eine Familie mit männlichem Allein- oder Hauptversorger. Im Osten sieht das anders aus: Dort haben nur 38 Prozent der Männer und 31 Prozent der Frauen eine solche Vorstellung, heißt es in der Zusammenfassung der Studienergebnisse. Der Vater als Ernährer der Familie sei demnach zumindest im Westen »offensichtlich keine rein männliche Vorstellung, dieses Modell wird auch von vielen jungen Frauen favorisiert. In den neuen Bundesländern erfreuen sich dafür gleichwertiger aufgeteilte Modelle deutlich größerer Beliebtheit als im Westen.«

Wie so oft ist die Auslegung der Studienergebnisse natürlich eine Frage der Betrachtung: Ist es wirklich so schlecht für die Zukunft der Gleichberechtigung, dass mehr als die Hälfte aller Befragten ein männliches Versorgermodell anstrebt? Oder ist es gut, dass immerhin fast die Hälfte aller Befragten dies nicht präferiert? Ein Blick auf den Wandel der Eltern-Kind-Beziehung hilft bei der Auslegung nur bedingt: Der Anteil Jugendlicher, die ein grundsätzlich positives

Verhältnis zu ihren Eltern erkennen, nehme seit 2002 zwar stetig zu (er liegt bei, wie ich finde, sehr niedrigen 50 Prozent). Auch würden 16 Prozent ihre Kinder genauso erziehen, wie sie selbst erzogen wurden, und 58 Prozent ungefähr so. Allerdings sei erstens, so die Studie, »in den höheren sozialen Herkunftsschichten das Verhältnis von Jugendlichen zu ihren Eltern deutlich besser als in den weniger privilegierten Schichten«. Und zweitens, so ich, sagen diese Zahlen nichts darüber aus, ob sich die in der Shell-Studie befragten Kinder den vorgelebten alten Rollenbildern ihrer Eltern nähern oder ob die Eltern seit 2002 ihre Rollenaufteilungen zunehmend modernisiert haben und ihre Kinder die Erziehung ihrer Eltern deshalb zunehmend weitergeben würden.

Nun ist die Frage, wo der Wunsch nach dem männlichen Versorgermodell herkommt: von Mama und Papa, Oma und Opa? Bestimmt, weil schon Kleinkinder die Rollenbilder ihrer Umgebung verinnerlichen. Allerdings nimmt der elterliche Einfluss auf Sozialisation und Weltbild mit zunehmendem Alter der Kinder ab (weil außerfamiliäre, oft aber nicht »modernere« Einflüsse zunehmen). Wie ist es also mit den Vorbildern in Büchern, Spielen, Film und Fernsehen? Aus eigener Erfahrung mit heutigen Kinder-Medien kann ich leider sagen: Fortschrittlich ist dort auch abseits von »Conni« wenig[35]; mehr dazu im Kapitel »Gender Play Gap«. Und wenn aus den Kindern Teenager werden: Welche Rolle spielen die sozialen Medien? Die Beauty-Influencerinnen auf der einen und Rapstar-Prolls auf der anderen Seite? Sind wir wirklich so rückschrittlich? Einer vor und zwei zurück? Ist es wie beim Klimawandel: Auf jeden Greta-Supporter kommen zwei Hater mit »Fridays for Hubraum«-Sticker auf dem SUV?

Traurig, aber teilweise wahr: Die scheinbar überholten Rollenbilder greifen seit Beginn der Corona-Pandemie auch bei den modernsten Paaren wieder um sich.

#Coronaeltern

Bei der Forschungslage zum Zustand von Coronaeltern – ein Begriff, den die Journalistin Mareice Kaiser während des ersten Lockdowns in Deutschland im April 2020 erfand – erging es uns in den ersten Wochen der Pandemie wie mit dem Virus selbst: Aussagekräftige Studien gab es noch keine, am Anfang war da lediglich ein Gefühl. Und das war kein gutes.

Homeoffice, Herd und Homeschooling: Aus der Corona-Krise schien sehr bald eine Familien- und Frauenkrise zu werden. Einfach deshalb, weil es in der Regel Männer waren, die weitermachen konnten wie bisher. Sie gingen in ihre Büros oder schlossen die Tür im Homeoffice hinter sich, sie arbeiteten in Vollzeit, sie brachten das Geld nach Hause – schließlich war es doch wirtschaftlich für die Haushaltskasse absolut nachvollziehbar, dass der schlechter bezahlte Teilzeitjob der Frau jetzt erst recht weniger wichtig wurde! Politik und Wirtschaft taten nicht viel dagegen: Die offiziell Systemrelevanten – also Menschen, die in medizinischen und Pflegeberufen arbeiten, an der Kasse sitzen oder unsere Kinder betreuen – kriegten Applaus von Balkonen aus und eine Erlaubnis, weiter arbeiten gehen zu dürfen (aber sie müssen eben auch). Mehr Gehalt kriegten sie nicht.

Der sich verfestigende Eindruck: Schieflagen kippten endgültig. Nur in den Familien, in denen die Loads schon vor Beginn der Pandemie halbwegs gleichmäßig verteilt waren, fielen die

Rollenaufteilungen nicht in die 50er-Jahre zurück. Monate später wurde dieser Eindruck wissenschaftlich mehrfach belegt. Das Bundesfamilienministerium evaluierte im Dezember 2020, dass vor der Pandemie Mütter durchschnittlich 28 Stunden pro Woche erwerbsarbeiteten, Väter 39 Stunden. Während der ersten Monate der Pandemie reduzierten beide wegen Kinderbetreuung ihre Stunden – Mütter auf 14, Väter auf 25.[36] Der Großteil der Haus- und Familienarbeit blieb also weiterhin bei den Müttern liegen. In einer Studie fanden Lena Hipp und Mareike Bünning vom Wissenschaftszentrum Berlin für Sozialforschung (WZB) entsprechend heraus, dass Eltern in den Anfängen der Pandemie durchaus gleichsam ihre Arbeitszeit reduzierten – es nach den ersten Lockerungen aber überwiegend Mütter waren, die in der neuen Situation verblieben. Sie seien es auch, die seitdem weniger zufrieden mit ihrer Arbeit und ihrem Familienleben sind.[37]

Eine andere Gender-Studie kommt zumindest für den Zeitraum des ersten Lockdowns im März und April 2020 in Deutschland zu ähnlichen Ergebnissen: Michaela Kreyenfeld von der Hertie School und Sabine Zinn vom Deutschen Institut für Wirtschaftsforschung fanden heraus, dass nicht nur Mütter, sondern auch Väter ihre jeweilige Kinderbetreuungszeit erhöht hatten.[38] Bei Vätern stieg sie im Vergleich zum Vorjahr um durchschnittlich zweieinhalb Stunden pro Tag an, bei Frauen um 2,9 Stunden. In der Summe lag die deutliche Mehrarbeit aber nach wie vor bei den Müttern: Sie kümmerten sich in Zeiten geschlossener Schulen und Kindergärten täglich insgesamt 9,6 Stunden um ihre Kinder, Väter täglich 5,3 Stunden. Der Bildungsgrad spielte dabei eine entscheidende Rolle. Die bemerkenswertesten Anstiege in der Betreuungszeit ließen sich bei Vätern mit niedrigen bis mittleren Schulabschlüssen erkennen. Was die überspitzten Schlussfolgerungen nahelegt: Wer als Akademiker in Führungsposition schon vor der Pandemie ein Workaholic war, der blieb es auch währenddessen. Und in den Haushalten, in denen zuvor schon Mütter die Hauptverdienerinnen waren, bleiben sie es auch weiterhin.

Dass Homeoffice klassische Rollenbilder fördern und festigen kann, belegt auch die Studie »Digitales Leben« der Initiative D21 – mit einer scheinbar schrecklich klischeebeladenen, aber statistisch belegten Grunderkenntnis: Männer nutzten demnach »das Internet, technische Geräte sowie Computer- und Internetanwendungen« insgesamt häufiger und intensiver als Frauen. Sie seien offener für technische Neuerungen und stärker daran interessiert, ihr Wissen auszubauen – unter den höher Gebildeten seien Frauen jedoch leicht vor den Männern. Frauen nutzten das Internet und digitale Geräte häufig anders: Sie brauchten eher einen unmittelbaren Nutzen und die Anwendungen müssten sich gut in ihren Alltag einbinden lassen. Auch hier halten sich (ältere) Männer offenbar für das stärkere Geschlecht: Laut Studie haben sie »über alle Altersgruppen hinweg höheres Interesse an Digitalisierung und schätzen ihre Kompetenzen höher ein. Bei den jüngeren Generationen sind die Unterschiede gering, bei den älteren Generationen dafür umso deutlicher«.[39]

Männer sind so, Frauen so? Ist das nicht zu kurz gedacht? Dass Männer häufiger von zu Hause oder unterwegs arbeiten können, erscheint jedoch so traurig wie logisch: Schließlich sind oft sie es, die wegen besserer Ausbildung, besserer Bezahlung und weniger elterlich bedingter Auszeiten in sogenannten White Collar-Jobs, also Bürotätigkeiten, arbeiten, während Frauen öfter den sogenannten Blue Collar-Jobs, also Tätigkeiten zwischen Verkauf und Pflege, die nur vor Ort durchführbar sind, nachgehen.

Warum Männer trotzdem noch zu selten aus dem Homeoffice arbeiten? Laut einer von Randstad beauftragten Unternehmensstudie hätten theoretisch achtzig Prozent aller Mitarbeiter*innen in deutschen Unternehmen im zweiten Quartal 2020 im Homeoffice arbeiten können, aber nur dreißig Prozent taten es.[40] Anfang 2021 und damit ein Dreivierteljahr nach Beginn der dann noch notwendiger gewordenen Digitalisierungsmaßnahmen von Unternehmen sind es nur noch 24 Prozent.

Es lassen sich weitere Studien finden, die belegen, dass digitales Arbeiten und Care-Arbeit durch die Corona-Krise nur kurzfristig gleichberechtigter wurden. In der Analyse einer Erwerbstätigenbefragung unter Genderaspekten werden die Kernergebnisse des Studienfokus »Partnerschaftliche Arbeitsteilung« wie folgt zusammengefasst: Die Studie zeige »eine psychosoziale Mehrbelastung von Eltern, insbesondere Müttern«. Diese Mehrbelastung resultiere aus ihrer hauptsächlich wahrgenommenen Verantwortung für Care-Arbeiten in Kombination mit ihrer Erwerbstätigkeit.[41] Wenn es um die Hausarbeit und die Versorgung sowie die Freizeitgestaltung mit Kindern gehe, wünschten sich sowohl Frauen als auch Männer eine ähnliche Gleichverteilung. Jedoch: »Aktuell übernehmen diese Aufgaben aber noch zum Großteil die Frauen. Wunsch und Wirklichkeit klaffen hier auseinander.« Die Corona-Pandemie habe bezüglich der partnerschaftlichen Arbeitsteilung wenig verändert: Es müsse nach wie vor politisch und gesellschaftlich debattiert werden, wie die Geschlechtsstereotype überwunden und die Strukturen nachhaltig verändert werden können, damit das Ideal der gewünschten gleichberechtigten Arbeitsteilung erreicht werde.

Eine im Auftrag der Hans-Böckler-Stiftung 2020 durchgeführte Online-Befragung unter Erwerbstätigen kommt ebenfalls zu ernüchternden Ergebnissen: Nicht nur verstärke die Corona-Krise grundsätzlich eine Retraditionalisierung der Arbeitsteilung innerhalb von Partnerschaften, sagt Prof. Dr. Bettina Kohlrausch, die wissenschaftliche Direktorin des Wirtschafts- und Sozialwissenschaftlichen Instituts (WSI) der Böckler-Stiftung.[42] Die Pandemie verstärke auch die prekäre Notlage von Geringverdienenden unter anderem deshalb, weil sie seltener die Gelegenheit haben dürften, im Homeoffice zu arbeiten, deswegen häufiger ihre Arbeitszeit reduzieren müssten und generell häufiger von Kurzarbeit betroffen seien.

Dass zumindest während der ersten Wochen der Corona-Pandemie im Frühjahr 2020 auch Väter deutlich mehr Care-Arbeit leisteten, hat immerhin einen schrecklich naheliegenden »Vorteil«: Endlich werden viele bis dahin sogenannte abwesende Väter gemerkt und vielleicht sogar verstanden haben, wie anstrengend und zeitintensiv diese oft unsichtbare Care-Arbeit zu Hause ist und sein kann. Michael Lamb, Professor an der britischen Cambridge-Universität, zieht deshalb auch ein optimistischeres Zwischenfazit. Natürlich seien Mütter noch immer diejenigen Elternteile, an denen auch während der Pandemie der Großteil der Haus- und Erziehungsarbeit hängen bleibe, sagt er im Gespräch mit dem *Guardian*.[43] Durch die neue Situation gebe es aber durchaus Väter, die nicht nur die Leistung ihrer Frauen nun besser erkennen und schätzen könnten, sondern die sogar Gefallen daran gefunden hätten, sich zu Hause aktiver einzubringen. Der Journalist Tom Lamont sprach für seinen Text mit der Überschrift »I had no idea about the hidden labour‹: Has the pandemic changed fatherhood for ever?« außerdem mit zahlreichen Arbeitnehmern und ergänzt: Viele Väter hätten wegen des Lockdowns überhaupt erst die Gelegenheit zur Partizipation bekommen, die man sich wegen ständiger Anwesenheitspflicht im Büro früher habe stärker erkämpfen müssen.

Eine Elterngruppe, der es unter der Corona-Politik, also den Maßnahmen und (fehlenden) Unterstützungen, absurderweise am wenigsten schlechter gehe, sind die Alleinerziehenden – glaubt zumindest Soziologin Lena Hipp vom WZB im Interview mit der *Süddeutschen Zeitung* anlässlich des Internationalen

Weltfrauentags 2020.[44] In ihrer Untersuchung hätten sie und Bünning in puncto Corona-Doppelbelastung für den Zeitraum von März bis August 2020 »gar nicht so große Unterschiede zwischen Eltern, die alleinerziehend sind, und Eltern, die in Paarbeziehungen sind«, gesehen. Einen Grund dafür sieht Hipp darin, dass in vielen Bundesländern Alleinerziehenden Priorität eingeräumt wurde, als Schulen und Kitas wieder für die Notbetreuung geöffnet wurden. Außerdem hätten sich Alleinerziehende schon vorher ein anderes Unterstützungsnetzwerk aufgebaut, von dem sie in der Pandemie profitieren: »Die waren gewohnt, mit der Belastung zurechtzukommen«, sagt Hipp. Als Wissenschaftlerin weiß auch Hipp darum, mit welcher Vorsicht erste Studienergebnisse zu genießen sind: »Wir werden in ein, zwei Jahren sehen, wie einschneidend Corona für viele Frauen war.« Ganz abgesehen davon, was das mit unseren Kindern macht, denke ich an dieser Stelle.

Es bleibt die Frage: Warum ist digitales Arbeiten eigentlich ein Fortschritt, mündet an so wichtigen Stellen aber in einen Rückschritt? Wegen der Betreuung – auch ganz abgesehen vom nahezu irren politischen und wirtschaftlichen Trugschluss, dass Kinderbetreuung ja bei all denen gewährleistet sei, die im Homeoffice arbeiten können und dürfen.

HAUSAUFGABE:
Spiegeln die Zahlen auch eure persönliche Erfahrung wider? Was habt ihr als Erkenntnis aus den Corona-Lockdowns mitgenommen?

Eine Frage der Betreuung

Stellt euch mal eine Welt ohne Corona vor. Eine Welt, wie sie vor Beginn der Pandemie war, und wie sie, wenn alles »gut« gelaufen sein wird, irgendwann ansatzweise wieder sein könnte. War damals alles easy peasy? Hand aufs Herz: Die Antwort lautet ganz klar: Nein. Der Alltag arbeitender Eltern gleicht auch ohne grassierendes Virus einem Jonglage-Akt. Er funktioniert nur, wenn wir als Clowns alle Bälle in der Luft halten. In den Kapiteln über »Die große Vereinbarkeitslüge« habe ich ihn skizziert. Krankheit ist in diesem Schauspiel genauso wenig vorgesehen wie geschlossene Kitas, Schulen – oder eine Pandemie. Als meine Frau und ich nach der Geburt unseres ersten, besonders aber unseres zweiten Kindes unter Verwandten und im Freundeskreis mal andeuteten, wie sehr die schlaflosen Nächte, die lethargischen Tage und der Zwang des Funktionierens an uns nagen, hörten wir nicht nur einmal direkt oder zwischen den Zeilen den vorwurfsvollen Satz: »Tja, das habt ihr euch ja selbst so ausgesucht.« Nein, haben wir nicht: Wir wollten zwar Kinder und ahnten um die Anstrengung. Aber wir haben an der Kreißsaaltür nicht lebenslänglich das Recht abgegeben, uns trotzdem beschweren zu dürfen. Wir beschweren uns nämlich nicht über die Kinder selbst (okay, unter uns, manchmal schon), sondern über die Umstände, in denen wir sie großziehen. Stichwort Verkeinbarkeit.

Will ich mein Kind möglichst früh möglichst lange in der Krippe, im Kindergarten und im Hort parken, um es bloß nicht an der

Backe zu haben? Nein, will ich nicht. Ich muss aber, weil ich auch nach der längsten Elternzeit irgendwann Geld verdienen muss und ein Einkommen, zumindest in Berlin und in den Branchen, in denen meine Frau und ich arbeiten, zum Unterhalt einer vierköpfigen Familie nicht reicht. Brauche ich eine Auszeit für mich aus dem schneller gewordenen Hamsterrad? Unbedingt, aber die habe ich mir bis auf Weiteres abgeschminkt, »irgendwas ist ja immer«. Werde ich damit allen Beteiligten – Arbeitgeber, Kindern, Partnerin, mir selbst – gerecht? Keineswegs.

Schon die Kitasuche glich vom Frust- und Erfolgsfaktor her der Wohnungssuche: Ich muss nehmen, was ich kriegen kann, oder ich lasse mein Kind halt vier Jahre daheim, was bei aller Liebe weder für mich noch für mein Kind gut sein kann. Auch hier: Soll jede*r machen, wie er oder sie will und kann. Ich finde aber: Es geht schließlich nicht nur um ein paar Stunden Betreuung, sondern um soziale Kontakte, um das Lernen von und Spielen mit anderen Kindern. Als wir damals mit ungefähr vier Monate altem Baby anfingen, die ersten Kitas im Kiez wegen eines Krippenplatzes ab dem ersten Geburtstag abzutelefonieren, hätte das Feedback unterschiedlicher nicht sein können: »Entspannen Sie sich und rufen Sie in einem halben Jahr wieder an«, hieß es an der einen Stelle. An der anderen wurden wir dafür nahezu ausgelacht, dass wir nicht schon vor der Zeugung mit Motivationsschreiben und polizeilichem Führungszeugnis vorstellig geworden waren. Und als wir dann nach diversen Absagen eine Zusage erhielten, hätten Leitung und Erzieher*innen schon die Teufel in Person sein müssen, damit man den Platz nicht jubelnd annimmt. Dass Eltern im deutschen Bildungssystem darauf angewiesen sind, nicht das beste Angebot für ihre Kinder auswählen zu können, sondern halt das, was okay ist und sie kriegen können, spricht bereits Bände. So wie Familien seit Jahren daran scheitern, eine ausreichend große und bezahlbare

Wohnung in ihrer Stadt oder gar ihrem Kiez zu finden und deswegen in der Studentenbutze wohnen bleiben, in der sie sich einst kennenlernten. Sie machen es, weil es nicht anders geht. Mit Beginn der Corona-Pandemie verschärfte sich der Druck. Auf Twitter, Facebook und Instagram nahmen die Kommentare als Reaktion auf die Aktion #Coronaeltern mitunter reaktionäre bis verächtliche Züge an. Es hieß zum Beispiel, dass es früher doch auch anders gegangen wäre und sich niemand beschwert hätte. Dass Eltern sich mal nicht so anstellen sollen. Sie hätten Kinder doch nicht bekommen, um sie abzuschieben, und jetzt betreuten sie sie mal ein paar Wochen zu Hause und seien schon überfordert. Falsch: Wir sind nicht von den Kindern allein überfordert. Sondern von der Mehrfach-Belastung, neben Homeschooling und Home-Kindergartening gleichzeitig im Homeoffice arbeiten zu sollen, den Haushalt zu schmeißen und dabei zu lächeln. Fast niemand denkt über Familiengründung nach, ohne die Betreuung mitzudenken und mitzuplanen. Weil wir wohl oder übel nicht mehr in den Groß-familien der Steinzeit oder des Dorfes leben. Wenn so ein Eckpfei-ler wegfällt, fällt meist die komplett bisher aufgebaute Logistik des Alltags zusammen wie ein Kartenhaus – oder wie die Jonglage-Ein-lage des Clowns, um im Bild zu bleiben. Auch ohne Pandemie ist wichtig, Betreuungs- und Bildungsangebote (und später -pflichten) endlich ins 21. Jahrhundert zu überführen.

Liebe Bildungspolitik, liebe Wirtschaft: In Deutschland leben rund 11,5 Millionen Familien,[45] die – die Corona-Politik bewies dies beeindruckend – absurderweise keine Lobby haben und sich in Kri-senzeiten erst recht kaum eine aufbauen konnten, sie arbeiteten und existierten ohnehin schon am Limit. »Gute« Arbeitnehmer*in-nen brauchen eine gute Betreuung ihrer Kinder. Sie brauchen un-ter anderem Flexibilität bei Arbeits- und Betreuungszeiten und gut ausgebildete Erzieher*innen, die ihrer Verantwortung angemessen bezahlt werden. Sie brauchen Angebote, Gesetze, Neuverteilungen und gesellschaftliche Veränderungen wie die, die ich in Teil 3 dieses Buch ausführe. Sonst wird das nichts mit der wichtigen Zukunft der Kinder. Nicht vergessen, liebe Boomer: Es geht dabei ganz unpathetisch auch um die Zukunft dieses Landes. Darum, wie wir leben und arbeiten wollen und können. Und darum, wie die Wirtschaft dabei weiterhin eine zentrale Rolle spielen kann.

Nachgefragt:
Ein Vater, ein Hausmann

Einer, der unter anderem wegen der Betreuungsfrage Rollen anders verteilen will, ist Heiner Fischer. Als ich ihn an einem Freitagvormittag im Mai 2021 via Zoom erreiche, faltet er gerade Wäsche zusammen. Sein zu dieser Zeit zwei Jahre und acht Monate alter Sohn turnt im Hintergrund herum, seine fünfjährige Tochter ist in der Kita, seine Frau auf der Arbeit. Fischer wohnt mit seiner Familie in Krefeld und arbeitet seit zwei Jahren als Hausmann. Er und seine Frau leben das klassische Modell – nur umgekehrt. Ich stelle ihm zur Veranschaulichung unter anderem die Frage, die andersherum niemand stellen würde: Warum habt ihr euch eure Aufgaben so aufgeteilt?

Fischer arbeitete als Bildungsreferent in einem Sportfachverband, als er seine spätere Frau kennenlernte. Vollzeit, pendeln, Abend- und Wochenendarbeit, das ganze Programm. Als sie ihr erstes Kind erwarteten und er Elternzeit nehmen wollte, gab sein damaliger Chef sich generös: »Geile Sache!«, jubelte er. Bei ihm selbst sei das damals schwieriger gewesen, er wolle ihm dies deshalb nun »ermöglichen«. Nachdem Heiner erklärte, dass er sich sieben Monate statt der üblichen zwei um sein Kind kümmern und währenddessen einige Wochen in Teilzeit arbeiten wolle, wehte plötzlich ein anderer Wind: Wie er ihm das antun könne, fragte sein Chef wütend, das ginge nun wirklich nicht. Auch die überwiegend männlichen Kollegen tuschelten, während seine Frau als Rabenmutter dastand, weil sie »so früh« nach der Geburt wieder arbeiten wollte. Fischer tat das einzig Richtige, aber finanziell bei vielen Paaren schlichtweg nicht leistbare: Er gab nicht klein bei. Er änderte nicht seine Pläne dem Arbeitgeber zuliebe. Er kündigte. »Ich wollte danach Hausmann sein. Ich hatte eh erst mal nichts anderes zu tun und meine Frau arbeitete 30 Stunden und brachte das Geld nach Hause«, erinnert er sich. »Wir wussten: Das wird schon irgendwie klappen.« Es klappte – unter anderem auch deshalb, weil Fischer in dieser Zeit einen neuen Job als Sozialarbeiter im örtlichen Krankenhaus mit zwanzig Stunden pro Woche annahm. Dort meldete er zweieinhalb Jahre nach der Geburt ihres ersten Kindes zweieinhalb Jahre Elternzeit mit dem Zweitgeborenen an und erntete dafür wieder überraschte Reaktionen – aber durchweg positive: »Jetzt stelle ich schon einen Mann ein, und dann nimmt der auch noch Elternzeit!« hat seine Chefin im Scherz gesagt. Auch das überwiegend weibliche Kollegium unterstützte Fischer in seiner Entscheidung. Es fielen Sätze wie:» Boa krass, das geht ja auch, dass ein Mann das macht, finde ich richtig super! Also bei meinem Mann hätte das nicht funktioniert!« Seine Frau arbeitet weiterhin in Teilzeit, Fischer schmeißt einen Großteil der Care-Arbeit.

Heutige Paare lebten bis zur Geburt ein egalitäres Familienmodell, glaubt Fischer. Frauen seien schließlich genauso gut ausgebildet wie Männer. Er zitiert einen Satz des Familienberaters, Väter-Experten und Bloggers Rüdiger Dreyer:»Beim Verlassen des Kreißsaals rutschen selbst solche Familien ins 60er-Jahre-Modell zurück und kommen dort nicht mehr raus.« Fischer findet, da stecke leider viel Wahrheit drin. Solche Eltern wollten das nicht, sie lebten ja auch vorher anders. Plötzlich hätten vor allen Dingen die Väter aber keine Vorbilder mehr, wüssten nicht weiter, stünden so orientierungslos wie in der Wüste da. Aus der mutmaßlichen Not, für seine neue Rolle selbst keine Vorbilder zu haben, machte Fischer eine Tugend: »Ich hatte ein negatives Vorbild. Mir war schon immer klar: Wenn ich mal Kinder habe, will ich es anders machen als mein Vater. Ohne zu wissen, wie es richtig oder anders geht. Meine Frau und ich, wir machten einfach mal. Sie kriegte bei der Geburt ja auch keine Gebrauchsanweisung«, sagt er. Fischer tastete sich an die Elternschaft heran. Er suchte sich Menschen, die ihn in dem Bereich weiterbringen. Er las Bücher, schaute YouTube-Videos, hörte Podcasts. »Traditionelle Rollenbilder bringen mich nicht weiter. Da komme ich her und will es anders machen.« Es helfe auch wenig, wenn Frauen den Männern sagen, wie es geht, die mauerten dann. Männer, so Fischer, brauchen männliche, väterliche Vorbilder.

Was er seitdem gelernt hat und täglich neu lernt, gibt Fischer deshalb weiter. Wenn die Kinder schlafen oder im Kindergarten betreut sind, bloggt er unter *Vaterwelten.de* über seine neue Rolle, wirbt für aktive Vaterschaft und bietet Gesprächskreise für Väter an. Weil er als Mann eigentlich Selbstverständliches tut und darüber redet, ist er für Zeitungen, Magazine und Fernsehsender ein gefragter Interviewpartner. »Ich bin kein Superpapa und will nicht so dargestellt werden«, erklärt er mir, nimmt seinen »Papa, Papa!« rufenden Sohn auf den Arm und sieht gleichzeitig ein: »Vielleicht bin ich ein Vorbild für Menschen, die es ähnlich machen wollen oder nach einer Alternative zu dem Familienmodell suchen, wo sie herkommen. Aber ich bin nicht das gesellschaftliche Role Model. So betrachtet, haben meine Frau und ich nur die Rollen getauscht. Egalitär leben wir erst, wenn meine Elternzeit beendet ist und wir beide in Teilzeit arbeiteten. Dann könnten wir von Equal Care sprechen.«

Von aktiver Vaterschaft ist bei Fischer immer wieder die Rede. Die Begriffe »neue« oder »moderne« Väter findet er blöd: »Solche

Zuschreibungen hat es in jeder Generation gegeben. Über Instagram und Co. werden sie nur sichtbarer, und du hast das Gefühl, es wären viel mehr als vorher. Die Statistiken müssten demnach explodieren, tun sie aber nicht.« Jesper Juul hatte dies in *Mann & Vater sein* übrigens bestätigt:»In meiner Generation geschah Folgendes: Wir, die wir uns als ›neue Väter‹ empfanden, wollten zwar keineswegs das Verhalten unserer Väter übernehmen, trotzdem haben wir gar nicht versucht – jedenfalls nicht bewusst –, eine eigenständige Rolle in unseren Familien zu entwickeln und zu begründen, sondern wir hatten lediglich die Tendenz, die Mütter nachzuahmen«, schrieb er. Fischer geht es heute um die Rolle, die Väter sich selbst geben. Sie könnten sich selbst als aktiver Vater bewerten und diese Rolle mit ihren Vorstellungen füllen. Seine Coaching-Motivation erklärt er so:»Ich möchte Väter dabei begleiten, für sich selbst und für ihre Familie ein eigenes Vaterbild zu entwickeln. Der gesellschaftliche Nutzen ist nur ein Aspekt. Der Nutzen für die Männer könnte sein: Sie lernen ihre Gefühle zu adressieren. Sie bekommen ein Gespür für ihre Gesundheit oder Krankheit. Sie erlauben sich Zeit zu nehmen, kürzer zu treten und sehen vielleicht ein, nicht Karriere machen zu MÜSSEN. Und dass Kinder Teil der Karriere sein dürfen!«

Apropos Karriere: Durch die Übernahme von Care-Arbeit hat Fischer nicht nur Hausarbeiten, das Teilen des Mental Loads und eine emotionale Begleitung seiner Kinder gelernt, die in ihm nun einen genauso wertvollen Elternteil wie ihre Mutter sehen.»Ich habe eine bessere Stress-, Konflikt- und Organisationskompetenz erworben. Methoden, die man im Arbeitsmanagement verortet. Ich habe eine Sensibilität dafür entwickelt, dass es wichtig ist, daran zu denken, dass Dinge gemacht werden und ich herausfinden darf und muss, wie. So wie ich verschiedene Schraubendreher bei einer Reparatur verwende, bis ich den richtigen gefunden habe. Ich glaube, dass meine Arbeitgeberin davon profitiert, so wie Arbeitgeber*innen im Allgemeinen von Eltern und deren Organisations- und Übersichtsfähigkeit profitieren.«

Was Väter von einem Wandel hin zu mehr Gleichstellung für ihr Privatleben lernen könnten, sei unbezahlbar: Sie kommen raus aus dem Hamsterrad, dem großen Karussell. »Der Wunsch der Deutschen ist immer noch, Eigenheim zu besitzen. Eine Wohnung kaufen oder ein Haus bauen. Viele streben nach dem vermeintlichen Idealbild von Familie. Warum sie das machen? Sie glauben: ›Ich muss doch Geld verdienen! Ich muss doch die Familie ernähren und das Haus abbezahlen!‹« Fischer plädiert für einen anderen Idealweg. Weg vom Müssen, hin zum Dürfen.

Auf den Wiedereinstieg in seinen Job freut Heiner Fischer sich trotzdem – aus den gleichen Gründen, wegen denen auch Mütter nach der Geburt ihrer Kinder wieder erwerbsarbeiten wollen: »Ich muss wieder arbeiten, weil ich das will. Ich bin überfordert. Arbeit ist für mich auch Entlastung. Sie gibt mir einen Ausgleich zur Familie«, sagt er und beendet unser Gespräch – seine Frau hat in ihrer Mittagspause ihre Tochter von der Kita abgeholt und bringt sie zu ihrem Vater. »Vollzeit- und Wochenendarbeit muss aber nicht mehr sein. Ich möchte in Teilzeit arbeiten, um viel Zeit mit der Familie zu haben, meine Kinder großwerden zu sehen und meine Verantwortung als Partner, Ehemann und Mensch wahrzunehmen.«

HAUSAUFGABE:

Könntest du dir vorstellen, mit deinem Partner oder deiner Partnerin über einen längeren Zeitraum hinweg die Rollen zu tauschen? Spielt das doch mindestens gedanklich mal durch – und überlegt, wer von euch auf welche neuen Hürden und Chancen treffen würde.

Toxische Männlichkeit

Männer wie der im vorherigen Kapitel vorgestellte Väterberater Heiner Fischer, die öffentlich über ihren Rollentausch und Forderungen nach aktiver Vaterschaft sprechen, erfahren auch Gegenwind – oft von Männern. Warum? So wie Familien, vor allem aber Frauen einen Erweckungsmoment erfuhren, als mit dem Begriff »Mental Load« das Sorgenkind endlich einen Namen hatte, kursiert unter Kritiker*innen des vorherrschenden Patriarchats seit geraumer Zeit der Begriff »toxische Männlichkeit«. Gemeint ist damit ein von Männern bewusst oder unbewusst an den Tag gelegtes Verhalten, das Frauen kleinhält, unterjocht, und dessen Absender auf dem für sie so gemütlichen Status quo beharren. Ein Status quo, in dem Männer auch weiterhin die Welt regieren, ihr Ding machen, ihre Privilegien und die fehlenden der Frauen nicht erkennen müssen. Unabhängig vom Geschlecht könnte man auch einfach »asozial« sagen, aber hier geht es nun mal um Geschlechter. Beispiele toxischer Männlichkeit erleben wir alle jeden Tag, seit Jahren.

Nehmen wir zum Beispiel diese Vätergruppe auf Facebook, in der neben mir 16.000 andere Väter Mitglied sind. Neben Fragen zu Erziehung, Partnerschaft, Trennung, Autokäufen und Videospielen tauchen dort immer wieder, nun ja, schwierigere Postings auf. Einer postet den harmlos gemeinten Witz eines Fotos von Tom Gerhardts Figur Hausmeister Krause, der sagt: »Nur weil heute Frauentag ist, macht sich das Abendessen auch nicht von allein!« Ein anderer postet prahlend und mutmaßlich in Erwartung digitalen Schulter-klopfens den Satz:»Meine These: Frauen sind morgens besonders se-xuell zu begeistern« – und erntet neben wenigen kritischen Kommen-taren in Vergewaltigungsfantasien driftenden Zuspruch á la:»Musst nur aufpassen, dass sie nicht wach wird!« Ich kenne solche Sprüche zur Genüge. Ich bin ein Mann, der andere Männer kennt, ich habe sie wider besseres Wissen als Teenager bestimmt sogar selbst mal geris-sen. Trotzdem: Zeigt so ein Gepose wirklich einen Querschnitt und das Humorlevel deutscher Väter auf? Na dann gute Nacht.

Anderes Beispiel: Als der Streamingdienst Amazon Prime Video im April 2021 auf Facebook die Dokumentation »Framing Britney Spears« bewarb, versammelten sich in der Kommentarspalte so-gleich ahnungslose Männer mit reflexartigen Reaktionen wie Fra-gen danach, ob Frau Spears mal wieder Geld bräuchte. Oder Auf-merksamkeit. Oder beides. Dass vorverurteilendes Verhalten wie dieses überhaupt erst dazu führte, dass Spears in den Medien und ihrem damaligen Branchenumfeld als die durchgeknallte psychisch Kranke dargestellt wurde, als die Typen wie jene Kommentatoren sie bis heute sehen, ist denen scheißegal. Wer nun denkt:»Ja, das ist natürlich nicht in Ordnung, was Spears dort wiederfuhr, aber da spielte ihr Dasein als öffentliche Person und das mediale Interesse eine ganz andere Rolle, als es das bei Privatpersonen tut«, dem sage ich: Das stimmt. Aber stell dir davon ausgehend nur mal ganz kurz vor, was Frauen sich anhören und ertragen mussten und noch im-mer müssen, die a) Privatpersonen sind und deshalb zwar keine öf-fentlichen Anfeindungen, aber eben auch keinen öffentlichen Rückhalt erleben oder die b) etwa dank ihrer Social-Media-Ac-counts auf eine neuere Art und Weise öffentliche Personen sind, als es Britney Spears zu ihrer Karriere-Hochzeit war.

In Deutschland war und ist zum Beispiel Jasmina Kuhnke Opfer von toxischer Männlichkeit – in ihrem Fall gepaart mit lupenreinem

Rassismus. Auf Twitter teilt die Autorin, Gagschreiberin, Social-Media-Aktivistin und Mutter unter ihrem Twitter-Usernamen Quattromilf gegen Rechts aus.[46] Sie zeigt auf, wo und wie mehrfach Marginalisierte, vor allem wegen ihrer Hautfarbe, diskriminiert werden. Wegen Morddrohungen aus der rechten Szene musste sie mit ihrer Familie umziehen, nachdem ihre Adresse öffentlich gemacht und zur Hetzjagd aufgerufen wurde. Nachweislich von Männern, die Rassismus und Sexismus mit dem Recht auf freie Meinungsäußerung verwechseln. In Deutschland im Jahr 2021. Nach dem Mord an Walter Lübcke. Nach dem Anschlag auf eine Synagoge in Halle. Ihren Roman *Schwarzes Herz* – ein Buch über »Herkunft, alltäglichen Rassismus und Frauenhass«, wollte Kuhnke auf der Frankfurter Buchmesse im Oktober 2021 vorstellen. Sie musste auch diese Lesung absagen, weil ein rechter Verlag, aus dessen Reihen unter anderem die Drohungen gegen Kuhnke kamen, auf der Messe ebenfalls präsent war.[47] Dass Kuhnke sich nicht trotz, sondern wegen all dieser Erfahrungen weiterhin gegen Rechts stark macht, ist ihr nicht hoch genug anzurechnen. Dass dies bitter nötig ist, ist aber auch ein Armutszeugnis für das Land, in dem wir doch gleichberechtigt und tolerant zusammen leben wollen.

Von toxischer Männlichkeit war und ist auch die Podcasterin Ines Anioli betroffen. Sie war einst mit dem Comedian und Moderator Luke Mockridge liiert und verklagte ihn danach wegen des Vorwurfs der versuchten Vergewaltigung. Der *Spiegel* veröffentlichte im September 2021 Recherchen, nach denen Mockridge auch gegenüber zahlreichen anderen Frauen seine Macht missbraucht haben, übergriffig geworden sein und ein Nein nicht akzeptiert haben soll.[48] Im Kölner Nachtleben sei er zudem unter dem Spitznamen Cockridge berühmt und berüchtigt. Nach Monaten des öffentlichen Schweigens postete Mockridge auf Instagram ein Video, in dem er sich als Opfer einer medialen Hetzjagd inszeniert.[49] Klar, im Zweifel für den

Angeklagten, könnte man meinen. Damit darf aber nicht »gegen die Klägerin« gemeint sein: Während Mockridge von vielen Fans und sogar Branchenkolleg*innen Zuspruch erfuhr, erntete Anioli – neben Support – massive Kritik und Drohungen.

Das spezifisch männliche Hadern mit sich verändernden Realitäten betrifft im Übrigen nicht nur Rollenverteilungen und sexuelle Machtdemonstrationen. Es ist bei allen gesellschaftlichen Trends, Strömungen und Veränderungen erkennbar. Nehmen wir den typischen AfD-Wähler – rund zwei Drittel aller AfD-Wähler*innen sind männlich: Er wählt die AfD nicht in jedem Fall explizit deshalb, weil er ein Nazi ist und fremde Menschen hasst. Er wählt sie, weil sein bisheriges Leben trotz aller Beschwerden darüber eigentlich ganz okay war und er nicht möchte, dass sich daran zu viel ändert.[50] Hier ist sie wieder, die von Psychologe Eickhorst sogenannte Anstrengungsvermeidung, nur in einem anderen Kontext. Und was ist mit all den selbsternannten Greta-Thunberg-Hassern, von denen wir in Facebooks Kommentarspalten immer wieder lesen? Sie sind mitunter nicht allesamt Klimawandelleugner. Aber sie wollen sich ihre Autos und Urlaubsflüge nicht von einer aufgeklärten Jugendlichen nehmen lassen, die angeblich noch nichts in ihrem Leben geleistet habe und mal lieber in die Schule gehen solle, in Wahrheit aber klüger, vorausschauender, zielstrebiger und selbstloser agiert, als es viele ihrer Kritiker*innen bisher gemeinsam getan haben. Dies zu erkennen und mindestens zu respektieren, erfordert ein Bewusstmachen der eigenen Privilegien, des Status quo, ein Umdenken. Zu viel verlangt von Menschen, denen die Lebensqualität der eigenen Kinder mutmaßlich egal ist. Nach ihnen die Sintflut. Die trifft dann aber eben alle. Bei den mit der Corona-Pandemie aufgekommenen sogenannten Querdenker*innen (unter denen sich übrigens mehr Frauen tummeln, als man gemeinhin annimmt) ergibt sich ein ähnliches Bild: Nicht alle von ihnen leugnen die Existenz des Coronavirus. Aber sie sehen ihre Grundrechte schon durch das verpflichtende Tragen einer Schutzmaske gefährdet, plärren lauthals von diktatorischen Zuständen – und bemerken dabei erstens nicht, dass sie in einer Diktatur für ihr Verhalten längst festgenommen worden wären und dass zweitens bestimmte Maßnahmen nur ergriffen werden, *damit* ihr Status quo, ihr vorheriges Leben eines Tages wiederhergestellt werden kann.

Toxische Männlichkeit führt nicht nur dazu, dass gesellschaftlicher Wandel blockiert wird und Frauen in unserer Gesellschaft unterdrückt werden. Sie trägt auch dazu bei, dass Männer und Väter, die anders leben wollen, es schwer haben: Wer beantragt schon gerne Teilzeit bei seinem Chef, wenn der bereits im Krankheitsfall eines Kindes fragt, warum sich die Mutter denn nicht kümmern könnte? Wer gibt gerne im Freundeskreis zu, dass er zwei Jahre in Elternzeit gehen möchte, wenn er Angst haben muss, dafür ausgelacht zu werden? Wer ist stark genug, sich deshalb lieber einen anderen Freundeskreis zu suchen?

Der Väterberater Heiner Fischer war so stark. Nachdem er und seine Frau ihre Rollen neu verteilten und sie Sätze hörte wie »Wie, du gehst jetzt schon wieder arbeiten? Und wer bleibt bei deinem Kind?«, hat sich ihr Freundeskreis komplett verändert. Von denen, die es mit ihrer Kindererziehung traditionell halten, hat seine Familie sich verabschiedet. Sie hat neue Freunde gefunden, die es gleichberechtigter machen.»Ist im Alltag viel harmonischer«, sagt er. Toxisch männlichen Gegenwind bekommt Fischer auch online, per Mail oder in Kommentaren. Vor allem Männer fänden oft schwachsinnig, was er macht und sagt:»Das sind Maskulinisten, die dieses biologische Bild von Vätern und Familie hochhalten. Sie sehen den Mann als Erfüller der weiblichen Interessen und Aufgaben. Er geht arbeiten, damit sie die Kinder erziehen kann.« Bei solchen Themen, in denen einige Männer sich vorverurteilt und in ihrem Lebensstil angegriffen fühlen, wird es manchmal auch persönlich, respektlos und beleidigend. Fischer liest mir einen Kommentar als Beispiel vor:»Der brutale Heiner Fischer ist kein moderner Vater, sondern ein homosexueller Mann, der von einer Frau nur eine Gebärmutter braucht ...« Was sind das für Männer, die solche Nachrichten schreiben? Fischer glaubt, das seien Männerrechtler, die gegen Frauen und Gleichberechtigung wetterten und sich selbst als Opfer der veränderten gesellschaftlichen Werte und Normen stilisierten.»Sie denken, die Gesellschaft ist gegen sie und spreche ihnen das Recht als Vater ab.« Schlimmer noch seien aber die Männer, die Gewalt in der Partnerschaft ausgeübt haben und sich dann wunderten, dass ihre Kinder keinen oder nur begleiteten Kontakt mit ihnen haben dürfen, weil ein Gericht das so entschieden hat. Das frustriere sie,»doch anstatt den Fehler bei sich zu suchen, wettern sie gegen Frauen, Feminismus, den Staat, gegen mich auch.« Solche Nachrichten erreichten ihn immer wieder mal. Sie seien in Qualität und Quantität aber»kein Vergleich dazu, was Frauen so in ihren Postfächern finden.«

Der britische Autor und Streetworker JJ Bola hat ein Buch darüber geschrieben, warum Männer nicht nur Täter, sondern auch Opfer ihrer Selbstbilder sind. In *Sei kein Mann* plädiert er dafür, dass Jungen und Männer ihre verletzliche Seite zeigen dürfen müssen, um nicht an Rollenerwartungen kaputtzugehen.[51] »Männer werden mit größerer Wahrscheinlichkeit als Frauen obdachlos, drogenabhängig, gewalttätig oder bringen sich um. Das alles, weil sie es nicht schaffen, ihren Gefühlen Ausdruck zu verleihen. Weil sie glauben, keine Schwäche zeigen zu dürfen. Weil sie in ein Bild passen wollen«, erläutert Bola im Interview mit der *Süddeutschen Zeitung*.[52] Nicht nur die eigenen Eltern, sondern auch Sportler, Popstars und Influencer, kurzum: das mediale Umfeld müsse dafür Männlichkeitsideale und Machogehabe überholen:»Man braucht als junger Mann auch Vorbilder außerhalb der eigenen vier Wände.«

Wie gefährlich toxische Männlichkeit werden kann, zeigt die sogenannte Incels-Bewegung. Als »Incels« – ein Kofferwort aus involuntary (unfreiwillig) und celibate (Zölibat) – bezeichnen sich heterosexuelle Männer, die Frauen hassen, weil sie keine abbekommen. Mit ihrem Aggressionspotenzial sind sie längst zu einer realen Bedrohung für sich selbst, ihre Umwelt und Teile der Gesellschaft geworden. Ihr Hass entlädt sich in so verschiedenen Formen wie Rechtsnationalismus, Rassismus, Homophobie, Terror und Vergewaltigungen, aber auch Suizid.

Ursache und Wirkung von toxischer Männlichkeit ist Sexismus. Dass der nirgendwo Platz haben sollte, dürfte sich von selbst verstehen. Auch wenn die Bundeszentrale für politische Bildung relativ klar definiert, was Sexismus ist[53] (eine »auf das Geschlecht bezogene Diskriminierung«, die sich »insbesondere durch die strukturelle Unterscheidung von Frauen und Männern aufgrund ihres Geschlechts auszeichnet«): Wo unbedachte Sprüche aufhören und Sexismus anfängt, ist im Einzelfall weniger eindeutig und muss zuerst (aber nicht nur) von den mutmaßlich Betroffenen bewertet werden. Ein Beispiel: Als ich im März 2021 auf *musikexpress.de* einen Meinungstext über die Netflix-Doku »Das Hausboot« veröffentlichte, unterstellte ich den Protagonisten Olli Schulz und Fynn Kliemann in zwei bis drei gezeigten Szenen Sexismus beziehungsweise die Möglichkeit der entsprechenden Rezeption ihrer Sprüche. An einer Stelle sprachen sie in Anwesenheit einer Innenarchitektin über einen kleinen Raum als »Wichskabine«. Ich empfand das als übergriffig der Frau gegenüber, weil sie ungefragt mit Bildern von masturbierenden Kerlen konfrontiert worden sei. An einer anderen Stelle beömmelten die Hauptdarsteller sich über das Bild eines Leuchtturms in einem Schlafzimmer, der, wenn man kopfüber seinen Hintern davorhalte, wie ein Pimmel aussehe. Gegen Pimmelwitze sei grundsätzlich nichts zu sagen, es kommt auf ihren

Kontext und die An- oder Abwesenheit von Frauen an, argumentierte ich. Kurzum: Den Vorwurf einiger Frauen, dass ich es übertrieben und der gut gemeinten Sache nicht geholfen habe, musste ich mir gefallen lassen. Mann lernt hoffentlich nie aus.

Ein anderes Beispiel: Als die ZDF-Samstagabendshow »Wetten, dass ...?« im November 2021 vorerst einmalig wieder auf Sendung ging, sprachen Moderator Thomas Gottschalk und seine Co-Moderatorin Michelle Hunziker unter anderem den Running Gag an, dass Gottschalk den weiblichen Gästen beim Talk auf der Couch damals stets seine Hand auf ihr Bein gelegt habe. Diesmal war es Hunziker, die Gottschalk beim Oberschenkel packte und dabei erklärte, dass sie Gottschalks Geste nie als störend oder gar übergriffig empfunden habe. Vermutlich wollte sie damit nicht sagen, dass es für alle Frauen – oder auch Männer – okay sein sollte. Aber man hätte es durchaus so verstehen können.

In ihrem Buch *Stillleben* schildert Antonia Baum eine Szene, deren Deutung zwischen väterlichem Ratschlag, Sexismus, Karrierismus, Machtgefällen und toxischer Männlichkeit im Patriarchat mäandert: Nach ihrem Vorstellungsgespräch mit dem Herausgeber der *Frankfurter Allgemeinen Zeitung*, Frank Schirrmacher, räumt dessen Sekretärin den Kaffeetisch ab. Baum hilft ihr – und erntet dafür von ihrem künftigen Chef die warnende Ansage: »Machen Sie das nicht. So etwas dürfen Sie nie tun.« Seine mutmaßlich gut gemeinte »Sorge« war offenbar die, dass Baum sich dadurch kleinmache und in der Männerwelt nicht bestehen könne, wenn sie sich in der Hierarchie auf die Seite der weniger Privilegierten schlage, und dass sie die Rollenbilder, die sie selbst sprengen will, durch ihr Handeln bloß verstärke. Was er aber sagte, war erschreckend reaktionär: Erfolg hat bei uns nur, wer ein Mann ist – oder wie ein Mann handelt. So ändert sich rein gar nichts, niemals.

Meanwhile in der Gegenwart

Wir essen weniger oder gar kein Fleisch mehr. Wir kaufen im Biomarkt ein. Wir verzichten auf große Autos und Flugreisen. Wir vermeiden Plastik. Wir teilen uns die Eltern- und Betreuungszeiten anders auf als unsere Eltern. Wir setzen uns für Gleichberechtigung ein, wir wollen unsere Kinder anders erziehen. Wir klopfen nicht länger lauthals Sprüche aus einer vergessen geglaubten Zeit und kommen damit ungestraft davon. Kurzum: Wir leben doch schon so modern, oder? Von wegen.

Eine werdende Mutter hat ein schlechtes Gewissen, die vereinbarte Beförderung anzunehmen, weil ihr Arbeitgeber noch nichts von ihrer Schwangerschaft weiß. Ein Vater wird nach Rückkehr in seinen Job degradiert, weil er länger als zwei Monate Elternzeit nahm. Die Stadt Paris musste im Dezember 2020 90.000 Euro Bußgeld zahlen, weil das Ministerium für öffentliche Verwaltung Männer diskriminiert sah: Sie seien nur zu 31 Prozent vertreten.

Solche und etliche weitere Beispiele sammelt und teilt die Journalistin Alexandra Zykunov unter den Hashtags #MeanwhileImJahr2019, #MeanwhileImJahr2020 und so weiter auf ihrem Instagram-Account. Zykunov ist Redakteurin beim Frauenmagazin *Brigitte* und lebt mit ihrem Freund und zwei Kindern in Hamburg. Anfang 2022 erschien ihr Buch *Wir sind doch alle längst gleichberechtigt! 25 Bullshitsätze und wie wir sie endlich zerlegen.*[54] Themen wie (fehlende) Gleichberechtigung, Elterndiskriminierung, Rollenbilder und

Mental Load hat sie sich auf die Fahnen geschrieben – und sie ist anhaltend sauer. Kaum ein Tag vergeht, an dem sie ihre Wut auf die Politik und das Patriarchat nicht in einem Post oder einer Story mit mehreren Zehntausend Followern teilt und den Finger in Wunden legt, von denen vielen Männern, aber auch Frauen gar nicht unbedingt bewusst war, wie tief sie klaffen.

Elternschaft bedeutet für Frauen im Vergleich zu Männern nach wie vor, dass sie zahllosen Ungerechtigkeiten ausgesetzt sind. Das beginnt direkt nach der Geburt. Paare, die sich die Care-Arbeit gut aufteilen, wo die Väter viel entlasten, sind davon nicht ausgenommen. Männer haben auch dann immer noch andere Freiheiten. Zykunov selbst wurde das erst eine Weile nach der Geburt ihres eigenen Kindes bewusst, wie sie sich in einem Videogespräch mit mir erinnert. Anfangs lief es gut, ihr Freund habe selbstverständlich seinen Teil übernommen. Als Lehrer war er täglich meist um 16 Uhr zu Hause, oft früher. Aber eben: Er ging drei Tage nach der Geburt Vollzeit arbeiten, sie blieb daheim. Als sie wieder in den Job einstieg, musste sie sich in ihrem Umfeld rechtfertigen. Die Schieflagen waren überall. Alle paar Wochen fuhr Zykunov außerdem mit dem Baby für ein Wochenende zu ihren Eltern, ihr Freund hatte frei in dieser Zeit. Als sie sich nach dem Abstillen selbst ein Wochenende allein erlauben und ihr Glück kaum fassen konnte, endlich einmal wieder selbstbestimmt über ihren Tagesablauf entscheiden und Sätze zu Ende denken und sprechen zu können, fiel es ihr wie Schuppen von den Augen: »Ey, du hast im vergangenen Jahr immer wieder solche Wochenenden gehabt!«, sagte sie nach Rückkehr zu ihrem Freund, »ich hatte das nie!« Sie nennt etliche weitere Beispiele.

Trotz allem – ist nicht Bewegung in die Sache gekommen? Nehmen nicht immer mehr Väter Elternzeit, gehen nicht immer mehr Mütter immerhin in Teilzeit (anstatt gar nicht) erwerbsarbeiten?[55] Das sieht Zykunov nicht wirklich als Fortschritt: »Ich würde es nicht als Erfolg feiern wollen, dass nun rund die Hälfte der Bevölkerung trotz Kind arbeiten geht, während der Mann das selbstverständlich tut. Das ist doch absurd, dass wir so was überhaupt feiern müssen, es sollte selbstverständlich sein!« Zykunovs Freund berichtet ihr jedes Wochenende, wie voll die Spielplätze mit Daddys seien. Ist wenigstens das ein gutes Zeichen? Nein, weil das auch bedeute, dass diese Väter wahrscheinlich nur am Wochenende mit ihren Kindern rausgingen. »An einem Mittwoch um 15 Uhr sind nur Mütter da. Diese Diskrepanz ist sichtbar. Sie entsteht nicht nur durch individuelle Entscheidungen der Eltern. Die Politik müsste dort viel mehr lenken.«

Die Politik hat nun durchaus Instrumente: die Erhöhung der gemeinsamen Elternmonate zum Beispiel. Die Aufnahme von Elternschaft ins Allgemeine Gleichbehandlungsgesetz. Die Abschaffung des Ehegattensplittings. Alle diese Punkte werde ich im nächsten Teil dieses Buches noch ausführlich behandeln. Hier muss etwas geschehen, wenn wir der trägen Sozialisation etwas Tempo machen wollen – ohne die Verantwortung bei den Betroffenen selbst abzuladen. Denn Eltern allein, so Zykunov, werden das System nicht kippen können. »Die Probleme fangen in den Wirtschaftsbetrieben an. Da sitzen die alten weißen Männer, die Martins, Stefans und Thomasse, die in einer Zeit aufwuchsen, in der Mama selbstverständlich zu Hause war. Ihre Frauen taten es ihnen gleich.« Eltern und besonders Frauen brauchen also Vertretung, müssen in der Politik sichtbar werden. Zum Beispiel im Deutschen Bundestag. Dort ist der Anteil der weiblichen Abgeordneten im Oktober 2021 zwar von 31 Prozent auf 34,7 Prozent gestiegen. Das relativiert sich wieder angesichts der Tatsache, dass der Frauenanteil im deutschen Parlament seit 1998 bei etwa einem Drittel stagniert.[56] Immerhin: Bundeskanzler Olaf Scholz berief sein Kabinett paritätisch und befand, dies solle Normalität sein.[57]

Was Eltern für mehr Bewegung selbst in einem ersten Schritt tun könnten und sollten? Zykunov wünscht sich, dass Frauen erkennen, dass das System sie benachteilige. Danach müssten sie mit ihrem Partner darüber reden. Darüber, dass sie weniger verdienen. Dass sie viel mehr Care-Arbeit übernehmen. »Das wird Streit bedeuten. Bitte streitet euch. Besprecht diese Themen«, sagt sie und weiß gleichzeitig, dass selbst diese Forderung extrem privilegiert ist. Streit ist ein Schritt, den viele sich nicht trauen. Jede dritte Frau habe in ihrem Leben schon eine gewaltvolle Partnerschaft erlebt. »Wenn du in einer Situation häuslicher Gewalt steckst, dein Mann ein Choleriker ist und du finanziell von ihm abhängig bist, ist meine Forderung nach Streit im Grunde unmöglich.« Gerade wegen scheinbar aussichtsloser Lagen wie dieser sieht Zykunov privilegierte, klassisch aufgeteilte Elternpaare in der Pflicht: »Geht mit euren Gesprächen und Streitigkeiten für die Menschen voran, die diese Möglichkeiten nicht haben. Weil kein Partner da ist oder ein ganz schlimmer. Oder weil kein Job da ist.«

Frauen, die auf Social Media für mehr Gleichberechtigung trommeln, werden öfter mit Vorwürfen konfrontiert, einen sogenannten *white girl boss feminism* zu betreiben – also in erster Linie Akademiker*innen betreffende Probleme zu thematisieren. Diese mögen einerseits ernst zu nehmen sein, schließen aber andererseits Gruppen mit ganz anderen Alltags-, Erziehungs- und Arbeitsmarktproblemen und Marginalisierungserfahrungen aus. Zykunov schult deshalb ihren Algorithmus um, weil sie zumindest ein Stück weit aus ihrer wohlsituierten Blase hinausschauen können will. Sie folgt Accounts auf Instagram, die viel inklusiver sind als sie. Die Inhalte von Women of Color posten, von Alleinerziehenden, von Frauen und Kindern mit Behinderung. Sie gibt ihren Bildern ein Like, kommentiert und teilt sie und sieht so nach und nach mehr von anderen Lebenswelten auch in ihrem Feed.

Ganz gleich, was wir tun: Wir werden in unserem eigenen Leben voraussichtlich nicht mehr so viel Gleichberechtigung erleben, wie wir uns das wünschen. Zykunov berichtet von einer Studie, die besage, dass die feministische Welle, die nun auch außerhalb von Instabubbles in der realen Welt angekommen ist, drei Generationen brauche, bis sie Früchte trage. »Das sind achtzig oder neunzig Jahre! Wenn ich Pech habe, erlebe ich nicht mehr, wie meine Enkelin selbstverständlich in Vollzeit arbeitet und ihr Freund seine Stunden reduziert.« Sie hofft, dass der Wandel durch die Globalisierung von Social Media schneller voranschreitet – auch, um die Früchte ihres eigenen Aktivismus noch selbst ernten zu können. Die Ende 2021 gebildete Ampel-Regierung schrieb sich in den Koalitionsvertrag:»Die Gleichstellung von Frauen und Männern muss in diesem Jahrzehnt erreicht werden«.[58] Das wird spannend.

HAUSAUFGABE:
Bist du dir deiner eigenen Filterblase bewusst? Wie könntest du sie öffnen?

WO WIR
HINGEHEN
SOLLTEN

Umbruchsjahre

2020 war ein Jahr der geistigen Umbrüche. Die »Black Lives Matter«-Bewegung machte auf strukturellen und alltäglichen Rassismus auch abseits von offensichtlicher Polizeigewalt aufmerksam, selbst Nicht-Betroffene gingen dafür auf die Straße. Auch der Terrorakt in Hanau, bei dem neun Menschen wegen mutmaßlicher nicht-deutscher Herkunft ermordet wurden, belegte, dass Deutschland ein ernst zu nehmendes Problem mit Rechtsextremismus hat – und dies von immer mehr Menschen (aber noch immer viel zu wenigen) auch erkannt wird. Der Brand im Flüchtlingslager im griechischen Moria legte eine katastrophal gescheiterte, weil unmenschliche EU-Außenpolitik offen – die Moderatoren Klaas Heufer-Umlauf und Joko Winterscheidt zeigten dies in einer Spezialsendung auf ProSieben beeindruckend auf, sorgten für Aufmerksamkeit und sammelten Spenden. Die Querdenker-Bewegung bewies, dass wir trotz gegenteiliger Aussagen in einer funktionierenden Demokratie leben. Diverse gefeierte Outings etwa von Schauspieler Elliot Page ließen Hoffnung aufkeimen, dass non-binäre Menschen zunehmend Platz in der Mitte unserer Gesellschaft finden. Wer in den »richtigen« Filterblasen unterwegs war, kam um den Eindruck nicht umhin: Bei allem Hass, der an Stammtischen und in einschlägigen Kommentarspalten regiert, erlebten wir auch noch nie so viel Wokeness, so viel Toleranz, so viel Miteinander. Warum gilt dies nicht auch für Väter und Mütter, für Erziehung und Gleichberechtigung?

Eine mögliche Antwort lautet: Weil niemand das Problem sieht und die Betroffenen oft keine öffentliche Stimme haben. Nicht jede Mutter, die sich alleinerziehend in einer globalen Pandemie bis zum Burn-out um ihre Kinder und ein Mindesteinkommen kümmert, hat Zeit und Reichweite, um sich auf Instagram darüber zu beschweren. Selbst wenn: Betroffene oder Marginalisierte stehen nicht in der Bringschuld, auf ihr Leid aufmerksam zu machen. Nicht-Betroffene, Politik und Medien stehen in der Pflicht und Mitverantwortung, ihren Stimmen Raum zu geben. Und das idealerweise nicht nur dann, wenn es gerade angesagt ist: Auch nach dem Tag, an dem auf Instagram jeder zweite Account ein schwarzes Bild samt Hashtag #BlackLivesMatter postete, existierte Rassismus weiter. Und nur weil Medien gerade nicht darüber berichten, sterben immer noch flüchtende Menschen an den EU-Außengrenzen oder ertrinken im Mittelmeer. Ich möchte nun keineswegs Tote mit benachteiligten Elternteilen gleichsetzen. Ich will lediglich das System der Aufmerksamkeitsökonomie illustrieren: Solange eine Gesellschaft nicht immer wieder sieht und dadurch erkennt, an welchen Stellen Ungerechtigkeiten existieren, so lange wird sich auch nichts verändern können.

Wie wenig sich Väter in den vergangenen Jahren zugunsten ihrer Frauen, ihrer Kinder, ihrer Karriere, der Gesellschaft oder ihrer selbst verändert haben, sehen wir exemplarisch an einem Buch: Im Jahr 2008 veröffentlichte der spätere Grünen-Vorsitzende Robert Habeck *Verwirrte Väter, oder: Wann ist der Mann ein Mann?*.[59] Er behandelte darin Fragen und Themen wie: »Vatersein in Deutschland: Herausforderung oder Zerreißprobe?«, »Das Vaterbild in der Krise – Bestandsaufnahme und Neuorientierung«, »Der virtuelle Vater – vom Leben zwischen Arbeit und Liebe« und »Vater und Hausmann – Utopie oder die neue Wirklichkeit?«

Auch der Klappentext liest sich 13 Jahre später wie der einer Neuerscheinung:»Der Vater als Ernährer der Familie – ein Auslaufmodell. Männer wollen sich um ihre Kinder kümmern – aber irgendwie klappt das nicht. Woran liegt es, dass Vaterschaft vielfach nicht als Glück und Herausforderung empfunden wird, sondern schlicht in Überforderung endet? Robert Habeck diskutiert die Widersprüche der Gegenwart und entwirft eine Gesellschaftsperspektive, die nicht vom Ideal des vollbeschäftigten, abwesenden Mannes ausgeht, sondern zeigt, wie Mann zu einem gelingenden (Familien-) Leben beitragen kann.«

Wenn sich also in über einem Jahrzehnt nichts Maßgebliches in puncto elterlicher Gleichberechtigung verändert hat, warum sollten wir dann zuversichtlich sein, dass es in absehbarer Zukunft geschieht? Nun: Wir müssen einfach mal machen. Immerhin reden wir ja schon darüber. *It's a long way to go, but it's worth going it.* Wie die Politik, die Wirtschaft und wir alle im Privaten diesen Weg begehen könnten und warum öffentliche Positionierungen dabei so wichtig sind, darum geht es in den folgenden Kapiteln.

Bitte treten Sie (mindestens einen Schritt) zurück

Als im Januar 2021, inmitten des zweiten Corona-Lockdowns, die Audioapp Clubhouse in Deutschland an den Start ging, wurde wieder offenbar: Wer besonders gerne eine Bühne sucht und sich selbst reden hört, sind Männer. Weiße Männer, die was mit Medien machen. Im Hype der ersten Wochen verging kein Tag, an dem irgendwelche Marketing- und Social-Media-Fuzzis nicht den disruptiven Charakter von Clubhouse und sich selbst als Fachmänner herausgestellt hätten. *Mansplaining at its best* oder wahlweise *worst*, jeder beeilte sich, den anderen zuerst zu erklären, was hier wie und warum läuft und warum nicht.

Klar, sogenannte Rooms, also virtuelle Talkbühnen, kann im Clubhouse jede*r aufmachen, man nimmt deshalb niemandem was weg. Man bewegt sich darin also wie in einer offenen, niemals endenden Konferenz, weil jede*r wählen kann, was er oder sie will? Jein: Wenn irgendwelche Twitter- oder Insta-Promis den drölften Talk schmeißen, weil sie nicht anders können als zu senden senden senden, ziehen sie wegen ihrer Reichweite auch kleineren Runden das Publikum ab. Demokratisch einerseits, aufmerksamkeitsökonomisch schwierig andererseits: Wenn zum Beispiel auf der Digitalkonferenz re:publica der Astronaut Alexander Gerst auf der Hauptbühne spricht und zeitgleich ein Workshop über fehlende Inklusion im Internet stattfindet, muss ich mich als an beiden Veranstaltungen interessierter Zuhörer auch für eine davon entscheiden.

Warum waren und sind auf den Bühnen dieser Welt Männer präsenter und lauter als Frauen? Weil sie es so gelernt haben, weil niemand sie stoppt. Wobei man fairerweise sagen muss: Zu jener Anfangszeit war Clubhouse noch ein exklusives Sammelbecken für Early Adopters mit iPhone und noch weit davon entfernt, auch nur im Ansatz eine Gesellschaft abzubilden. Zumindest eine marginalisierte Gruppe aber hatte es damals schon geschafft, die App früh für sich zu nutzen: Als Reaktion auf eine heftig umstrittene Folge der WDR-Talkshow »Die letzte Instanz«, in der weiße, wohlsituierte Menschen wie Thomas Gottschalk, Micky Beisenherz, Janine Kunze und Jürgen Milski darüber urteilten, ob man Wörter wie die hier bewusst nicht ausgeschriebene »Z-Soße« noch verwenden dürfe, verging über eine Woche hinweg fast kein Tag, an dem auf Clubhouse nicht People of Color mit Weißen über strukturellen und alltäglichen Rassismus diskutierten, darunter viele Frauen.

Der von mir und anderen gewonnene Eindruck, dass die männliche Bühnenpräsenz dominiert, ist übrigens nicht rein subjektiv, sondern statistisch auch belegt: In der von der MaLisa-Stiftung beauftragten, im April 2020 durchgeführten und im Mai 2020 veröffentlichten Studie *Wer wird gefragt? Geschlechterverteilung in der Corona-Berichterstattung* fand die Kommunikationswissenschaftlerin Elizabeth Prommer von der Universität Rostock heraus, dass nur 22 Prozent aller Expert*innen, die im Fernsehen und in Online-Medien die Corona-Folgen erklären, weiblich sind.[60] Im Interview mit *Spiegel Online* erklärt Prommer dieses Ergebnis unter anderem mit der Bequemlichkeit von Redaktionen, aber eben auch durch ein Ungleichgewicht in der Care-Arbeit und Selbst- und Fremdwahrnehmung. Zum einen würde von einer Frau viel mehr an Erfahrung, Rang und Leitungsfunktion erwartet, bis diese überhaupt als

Expertin infrage zu kommen scheint, die man anrufen kann. »Bei Männern reicht weniger, die müssen nur eine Masterarbeit zu einem Thema verfasst haben, Frauen aber gleich zehn Bücher.« Somit stünden dann automatisch weniger Frauen zur Auswahl. Zum anderen sagten Frauen häufiger ab – das hänge wahrscheinlich auch damit zusammen, dass die wenigen Frauen, die angefragt würden, verhältnismäßig viele Anfragen bekämen und nicht alle bedienen könnten.[61] Prommer empfindet als sehr problematisch, dass die Betreuung von Kindern als Frauenproblem dargestellt würde: »Leider haben auch viele Frauen diese Sichtweise übernommen, auch sie nehmen dieses Problem als eines an, das nur sie betrifft. Die Männer gehen deshalb guten Gewissens raus und führen die Experten-Interviews, die Frauen kümmern sich um die Familie und sagen womöglich sogar ab, wenn sie selbst um ihre Expertenmeinung gebeten werden.«

Im Clubhouse, das in Deutschland übrigens nur wenige Monate nach seinem Hype wieder in der medialen Versenkung verschwunden war, kam ein Bewusstsein für dieses Ungleichgewicht zum Glück schnell an: Sobald ein Room von White Dudes exklusiv moderiert wurde, merkte jemand aus dem Publikum an, dass das hier doch etwas einseitig sei. Auch mitdiskutierende Journalist*innen gaben sich oft einsichtig. Ein Blick auf die Gästelisten der großen politischen Talkrunden aber zeigt: In den Redaktionen ist ein sichtbares Umdenken bisher nur bedingt angekommen.

Und bevor ihr, liebe Leser*innen, es denkt, schreibe ich es selbst aus: Auch mir, dem männlichen Autor dieses Buches, könnte man vorwerfen, Frauenprobleme erklären zu wollen. Eine Bühne nicht abgeben zu wollen oder zu missbrauchen, wurde mir bereits vorgeworfen. Bitte lesen Sie weiter.

Ein Feminist, der keiner ist

In seiner Rede beim Empfang des Deutschen Frauenrats am
6. März 2020, kurz vor dem Internationalen Frauentag, bat Bundespräsident Frank-Walter Steinmeier alle Anwesenden, sich einmal folgende Szene vorzustellen: »Ein schon etwas älterer, weißhaariger Mann, der das höchste Staatsamt bekleidet – das einzige Amt in seinem Land, das noch nie von einer Frau ausgeübt wurde –, dieser Mann empfängt anlässlich des Internationalen Frauentages politisch engagierte Frauen in seinem Amtssitz, würdigt zur Begrüßung – eher gönnerhaft – ihre Arbeit und erklärt ihnen anschließend in einem länglichen Vortrag, was er für die Grundsätze der Gleichstellungspolitik hält. Wenn man heute noch jemandem erklären müsste, was ›Mansplaining‹ eigentlich bedeutet, dann wäre diese Szene, finde ich, ein ziemlich gutes Beispiel. Und mein Job ist es jetzt, aus dieser Szene, aus diesem Film irgendwie wieder rauszukommen.«

Mit diesen Worten hätte ich auch dieses Buch beginnen können. Nicht, weil ich der Bundespräsident bin oder gerne wäre. Sondern weil ich, wie er, ein weißer, heterosexueller Cis-Mann bin. Einer, der strukturelle oder persönliche Diskriminierung nie am eigenen Leib erfahren musste. Einer, der aus feministischer Perspektive kein Feminist ist, nur weil er aus seiner privilegierten Sicht heraus ein paar Probleme auf dem Weg zu mehr Gleichberechtigung benennt. Darf ich dazu überhaupt etwas sagen?

Als ich am selben Tag, an dem Steinmeier seine Rede schwingt, den Instagram-Account des Magazins *Eltern* in einem sogenannten Takeover übernehme, um dort temporär Inhalte zu posten, ernte ich nicht nur Zuspruch. Wie könne es sein, dass ausgerechnet am Wochenende des Weltfrauentags ein Mann dort Wort und Bild ergreift – und es dann noch wagt, die dortige Reichweite über drei Tage hinweg nicht ausschließlich für feministische Themen zu nutzen? Der Zeitpunkt war unglücklich gewählt, das sehe ich im Nachhinein ähnlich. Andererseits: Wenn Frauen irgendwo 364 Tage im Jahr nicht unterrepräsentiert sind, dann auf einem Account wie *elternmagazin*, bei dem sich zu 95 Prozent weibliche Follower tummeln und das Thema Familie vordergründig aus der Perspektive der Mutter besprechen. Unglücklich ist auch, dass ich in den Storys, auch am Weltfrauentag selbst – neben Posts zu Mental Load, diskriminierender Sprache und Lieblingsfrauen auf Instagram – andere Väter zu Wort kommen lasse. Privilegierte, weiße Cis-Männer. Am Freitag, Tag 1 des Takeovers, fühle ich mich trotzdem vorverurteilt und persönlich angegriffen, obwohl die Absenderinnen stets betonten, dass ihre Kritik rein inhaltlicher Natur sei. Am Sonntagabend fühle ich mich leer und noch immer missverstanden: Nein, ich will kein Schulterklopfen für meine eigene relative Fortschrittlichkeit. Ich will das Gleiche wie die Kritikerinnen. Aber aus einer anderen Position heraus. Ich kann doch auch als nicht unmittelbar Betroffener von struktureller und persönlicher Diskriminierung Probleme und Ungerechtigkeiten erkennen und benennen, oder? Ich habe jahrelang bei Frauen in meinem Umfeld gesehen, wie sie in ihren Jobs oder bei Bewerbungen benachteiligt wurden. Ich habe in meiner Familie gesehen, dass Frauen immer alles ausbadeten, den Haushalt und die Erziehung im Alleingang schmissen und obendrauf einer Erwerbsarbeit nachgingen. Um nur einige Beispiele zu nennen. Vor allem aber: Wenn wir von sogenannten klassischen Eltern sprechen, bin ich als Mann eine Hälfte des Paares. Und ein gemeinsames Leben erfordert auch eine gemeinsame Problemlösung.

Dennoch: Während andere ihr Leben lang kämpfen, hat mich das Takeover am Ende bloß drei Tage Nerven und Energie gekostet – mitgenommen habe ich durch die vereinzelte, dafür hartnäckige Kritik aber mehr als durch jedes Lob. Ich hatte vorher zum Beispiel keine Ahnung, was intersektionaler Feminismus ist (die Konzentration auf die Überschneidung verschiedener Diskriminierungsformen – zum Beispiel Frau und Schwarzsein – in einer Person). Ich habe gelernt, dass es nicht immer nur um mich und meine Bubble geht. Ich begann zu verstehen, dass netzwerkartige Verbindungen von Männern wie etwa der »Väter-Summit«, zu dem ich als Role Model geladen war, auch als Ursache von Problemen und weniger als deren Lösung angesehen werden können[62] (aber nicht müssen, wie ich finde). Wenn meine Frau mir also empfiehlt, ich solle in diesem Buch hier schreiben, ich sei ein Feminist, weil ich darin doch genau das täte, was Feminist*innen tun, nehme ich, wie sonst fast nie, ihren Rat nicht an. Weil ich mich zwar gerne als Ally, also Unterstützer, sehen möchte, aber nie werde so kämpfen müssen wie sie. Und weil ich laut manchen Feministinnen gar nicht erst reden soll, sondern lieber gleich was tun.

Well: Darf ich nun zu diesem Thema etwas sagen oder nicht? Ich finde: Ich muss. Ich wiederhole mich auch hier: Wer Teil des Problems ist, muss Teil der Lösung sein. Und solange es leider noch genug Männer gibt, die Frauen nicht so recht zuhören wollen, braucht es auch Männer, die Partei ergreifen. Aber auch, wenn wir einmal so weit sind, dass allen gleich gut zugehört wird – das Reden und die Überzeugungsarbeit sollte auch dann nicht den Frauen aufgebürdet werden. Zu Hause, auf der Arbeit, auf Bühnen und in Büchern. Oder, wie Steinmeier es im weiteren Verlauf seiner Rede sagte: »Wer als Mann auch mal die Perspektive der Frauen einnimmt, wird mithelfen, gläserne Decken zu sprengen, weil er weiß: Am Ende gewinnen dadurch alle.«

Ich bin mit dieser Meinung – mindestens unter Männern – nicht allein. »Die nächste Etappe der Gleichberechtigung braucht Männer«, fordert der Feminist Martin Speer in einem Interview im Frauenmagazin *Barbara*,[63] und das aus einem ganz einfachen Grund: »Männer haben die Strukturen in Gesellschaft, Politik und Wirtschaft geschaffen, die Frauen benachteiligen. Solange Männer dieses Machtgefälle nicht erkennen, sorgen sie dafür, dass Diskriminierung und Sexismus weiter bestehen.« Zur »Erkennungshilfe« empfiehlt er, dass »jeder Mann seiner Schwester, seiner Mutter, seiner Frau oder seiner Freundin eine Frage stellt: Was ist deine Erfahrung mit Sexismus? Und dann einfach mal zuhört. Ohne zu kommentieren, ohne zu werten, ohne zu unterbrechen. So ein Gespräch setzt viel in Gang.« Speer selbst erging es ähnlich. Als schwuler Mann kannte er zwar Diskriminierung, aber nicht aufgrund seines Geschlechts.

Die teilweise im Feminismus verbreitete Sichtweise, dass Männer sich nicht beschweren und einfach machen sollen, teilt auch Heiner Fischer nicht. Dem Väterberater geht es darum, Männern das Recht zu geben, sich überlastet zu fühlen. Er glaubt: Väter brauchen einen Kreis für Austausch und Wachstum, wo es um Beziehungen, Kindheitserfahrungen, Sozialisation, Männlichkeitsrituale, auch um Gewalt gegenüber Männern geht. Frauen verstünden das aufgrund ihrer Sozialisation mitunter nicht oder seien nicht einverstanden. Fischer will veränderungswillige Väter an die Hand nehmen und ihnen sagen: »Deine Erfahrungen, die du gemacht hast, von Gewalt in der Schule und Mobbing über Männerbünden bis hin zu toxischer Männlichkeit, sind ein Teil von dir – und das ist o.k. Jetzt schauen wir, welchen Weg es noch gibt.«

Auch Väterforscher Andreas Eickhorst findet: Es geht nur zusammen, nicht gegeneinander. Dem individuellen Mann, dem einzelnen verunsicherten Vater, helfe es nicht zu wissen, dass er eigentlich zu einer privilegierten Gruppe gehöre und dass es deshalb komisch aussähe, wen er Angebote sucht und annimmt. Der Psychologe glaubt, dass Feminismus, Männerbelange und Väterunterstützung sich nicht widersprechen müssen: »Auf beiden Seiten sind noch viele Vorurteile da. Es gibt weibliche Gleichstellungsbeauftragte, die Männer per se nie unterstützen würden, um immer nur Vorteile für Frauen zu erreichen. Und es gibt genug Männer, die sich auch im öffentlichen Diskurs so dämlich verhalten, dass sie dadurch deutlich machen: Wir sind noch nicht so weit. Beide Seiten sind die unschönen. Denen, die es durchblicken und die eine moderne Geschlechterpolitik betreiben, ist klar, dass es nur zusammen geht.«

HAUSAUFGABE:

Wie, wo und mit wem sprichst du über Ungerechtigkeiten, Gleichberechtigung und gegenseitige Unterstützung? Welchen Gegen- oder Rückenwind hast du dabei erfahren?

12 sprachliche Ärgernisse, die der Vergangenheit angehören müssen

Wenn wir uns nun einig sind, dass wir gemeinsam über (fehlende) Gleichberechtigung reden müssen, geht es um das grundlegende »Wie«. Kleine Anekdote zu Beginn: Ich habe mich vor gar nicht allzu langer Zeit noch dabei erwischt, wie ich im Small Talk »behindert« als Schimpfwort anstatt »blöd« benutzte – am Tag der offenen Tür einer inklusiven Schule! Lacht nur, lacht zurecht. Wer zwanzig Jahre mit einer bestimmten Wortwahl aufwächst, kriegt nicht jeden Mist über Nacht raus. Seine Fehler bemerken, wäre aber ein guter Anfang.

So wie Lesen bildet, wenn wir nicht gerade von stumpfen *Nexo Knights*-Comics reden, bildet auch Sprache. Ein verantwortungsvoller Umgang mit Worten führt auch zu bewussterem Handeln. Wer andere ausschließt, diskriminiert. Das gilt für Rassismus genauso wie für Sexismus. Nur wenn Worte sich ändern, ändert sich das Denken und dadurch das Verhalten. Looking at you, Friedrich Merz und Gender-Debatte. Wer verliert etwas dadurch, dass auch Frauen und andere Geschlechter in unserer sich ohnehin ständig wandelnden Sprache fortan mitgesagt und nicht mehr nur mitgemeint werden?

Hier ein paar von unzähligen und täglich genutzten Frauen und Mütter degradierenden sprachlichen Ärgernissen, die wegkönnen.

»Mein Mann hilft im Haushalt und mit den Kindern.«

Nix Hilfe! Es ist auch sein Haushalt, es sind auch seine Kinder!

»Sie ist eine starke Frau. Eine Powerfrau!«

Ein vergiftetes Kompliment: Niemand würde (außerhalb der Muckibude) je von starken Männern oder Powermännern sprechen.

»Sie ist eine Working Mom.«

Impliziert, dass es leider noch nicht selbstverständlich ist, dass auch Mütter einer Erwerbsarbeit nachgehen wollen, sollen und dürfen. Oder war jemals von Working Dads die Rede?

»Ach, Vaterurlaub, wie toll!«

Elternzeit ist kein Urlaub. Kinder bedeuten bei aller Liebe in der Regel mehr Stress, als im Büro jemals anfallen wird. Den bemerken Väter noch deutlicher, wenn sie sich mehrere Wochen oder Monate mindestens tagsüber allein um den Nachwuchs kümmern. So, wie es Frauen noch viel zu oft ausbaden müssen. Genauso falsch: Elternurlaub, Mutterschaftsurlaub (hier besser: Mutterschutz).

»Familienvater«

Siehe oben. Habe noch nie von einer Familienmutter gelesen.

»Nimm dir für deinen Haushalt doch eine Putzfrau!«

Hier schmerzt es an allen Ecken und Enden: Erstens kann und will die sich nicht jede*r leisten. Zweitens würde sie nicht sieben Tage pro Woche kommen und nach jedem Essen, Spielplatzbesuch oder Bad saugen, wischen und aufräumen. Drittens ist es nicht dein Haushalt, sondern eurer. Viertens: Warum denn eigentlich keinen Putzmann? Oder noch angebrachter: Reinigungskraft.

»Karrierefrau«

Ebenfalls siehe oben. Von Karrieretypen oder »Machern« ist zwar auch die Rede, aber in der Regel mit anderer Konnotation.

»Papa muss heute babysitten«

Ein Vater passt auf sein Kind auf, damit dessen Mutter abends auch mal raus darf? Diese vermeintliche Aufopferung heißt nicht »Babysitting« oder »Kinderdienst«. Das richtige Wort dafür lautet: Elternschaft.

»Toll, wie du Kinder und Beruf unter einen Hut bekommst!«

Eine Frau arbeitet *und* ist Mutter? Das verdient natürlich derben Respekt (und versteckte Kritik)! Männer müssen solche Sätze nie hören. Weil viel zu oft nicht mal in Betracht gezogen wird, dass er sich genauso um *seine* Kinder kümmern könnte oder wollte wie seine Frau.

»Wie, du arbeitest nicht?«

Ein Satz, stellvertretend für so viele andere, die alle das Gleiche unterstellen: Frauen (oder Männer), die mit Kind zu Hause bleiben, arbeiten nicht. Das tun sie sehr wohl, in der Regel härter als viele andere Arbeitnehmer*innen. Bloß: Care-Arbeit gilt immer noch als unwichtiger, selbstverständlicher und einfacher als Erwerbsarbeit.

»Rabenmutter«

Niemand ist unfehlbar. Schon gar nicht Eltern, die noch neu im Geschäft sind. Klar, der Begriff »Rabenmutter« wird in der Regel für Frauen verwendet, die ihre Kinder verwahrlosen lassen. Aber warum sagt keiner »Rabenvater«? Vielleicht, weil abwesende Väter selbstverständlicher sind als abwesende Mütter?

»Heulsuse«

Doppelfehler: Erstens sagst du damit deinem Kind (oder anderen gegenüber), dass Weinen unerwünscht ist. Zweitens sagst du, dass Mädchen weinen, Jungs nicht. Und steckst damit mittendrin in der »Jungs sind so, Mädchen so«-Falle, die ich »Gender Play Gap« getauft habe und später noch genauer beleuchte.

Diese Liste ließe sich wohl endlos fortführen. Das Erkennen und Verändern dieser sprachlichen Ärgernisse ist übrigens nicht feministisch. Sondern logisch.[64]

HAUSAUFGABE

Welche eigentlich diskriminierenden Ausdrücke oder Sprüche finden oder fanden sich in deinem Wortschatz wieder?

Die große Vereinbarkeitslüge, Teil 2

Im Sommer 2017, als unsere Kinder klein waren und ich noch in Vollzeit arbeitete, ärgerte ich mich maßlos über all das Gerede von Vereinbarkeit – nachzulesen bereits im Kapitel »Die große Vereinbarkeitslüge, Teil 1«. Der Begriff war für mich nichts weiter als eine von der Wirtschaft erfundene Lüge, ähnlich lächerlich übrigens wie die sogenannte »Work-Life-Balance«.

Unter den Kommentaren zu dieser Problematik, die ich auch auf meinem Blog thematisierte, war einer dabei, der mich noch länger beschäftigte. User »Ricardo« schrieb:

»[…] Trotzdem muss ich Dir vehement widersprechen: Nach mittlerweile zweieinhalbjähriger Erfahrung als Arbeitnehmer UND Vater muss ich sagen: Vereinbarkeit funktioniert. Nicht ruckelfrei und ohne Nebenwirkungen. Aber es gibt sie. Sicherlich bedarf es dafür auch einiger glücklicher Umstände, die nicht jedem oder vielleicht sogar nur den wenigsten vergönnt sind. Keine Ahnung. Mit der klassischen Rollenverteilung (du gehst Vollzeit arbeiten, deine Frau bleibt in Teilzeit) und den zwei verschiedenen Kitas habt ihr euch aber auch in eine besonders verzwickte, kraftraubende Lage manövriert. Das ist dann natürlich absurd weit von der gleichberechtigten Vereinbarkeit entfernt.

Ich habe vergleichsweise leicht reden. Nur dank unserer mittlerweile eigentlich etwas zu kleinen, dafür aber abstrus günstigen Wohnung können wir uns dieses Doppel-Teilzeit-Vereinbarungsding (mit Gehältern, die glücklicherweise auch reduziert durchaus okay sind) überhaupt leisten. Das ist uns natürlich bewusst. Für diesen Status verzichten wir aber auch gerne noch ein paar Jährchen auf die 30 bis 40 qm größere Bude. Stichwort Prioritäten. Dafür nur 28 Stunden arbeiten zu müssen, meine Söhne aufwachsen sehen zu können und sogar regelmäßig Zeit nur für mich zu haben, das ist dann doch ein ganz großes WIN-WIN in dieser Situation. Das musste ich deinem konsequent negativem Fazit doch mal entgegensetzen.«

Ich dachte nach: Wenn es also doch funktionieren kann, warum dann nicht auch in meiner Familie? Sind wir zu unentspannt? Haben wir zu hohe Ansprüche? Sind unsere Kinder so viel anstrengender als andere? Sind wir gar schlechte Eltern?

Wir sprachen zu Hause immer wieder darüber, dass es wie bisher nicht weitergehen könne. Besonders meiner Frau setzte die Situation zu. Seitdem haben wir bei uns einiges verändert: Meine Frau hat nach ihrer zweiten Elternzeit den alten Job an den Nagel gehängt, sich nach langen Überlegungen erfolgreich selbstständig gemacht und diese Entscheidung trotz der bürokratischen Hindernisse, die Soloselbstständigen in Deutschland so in den Weg gelegt werden, nicht bereut. Unsere Kinder sind älter geworden, schlafen nun weitgehend durch und morgens schon mal bis 8 statt bis 6:05 Uhr. Sie gingen, bevor unser Erstgeborener 2020 Schulkind wurde, endlich in denselben Kinderladen. Und ich arbeite seit Oktober 2017 dauerhaft in Teilzeit: dreißig statt vierzig Stunden pro Woche, täglich bis 15 statt bis 18 Uhr. Weil wir – meine Frau noch schmerzhaft mehr als ich – gespürt hatten, dass es so wie bisher nicht länger ginge, dass sich etwas ändern musste. Stichwort Zahnfleisch, Stichwort Nerven, Stichwort Selbstaufgabe.

Diese Umstellung, in Verbindung mit unserem Umzug in eine größere, relativ gesehen aber nicht teurere Wohnung, hat viele neue Freiheiten mit sich gebracht: Wir können die Kinder zu Fuß oder mit dem Rad in Kinderladen und Schule bringen und brauchen keine halbe Stunde dafür. Meine Redaktion liegt nur fünf Minuten von zu Hause weg, meine Frau arbeitet nun auch abseits von Corona oft aus dem Homeoffice. So ein kleiner Alltagsradius in einer so großen Stadt ist purer Luxus (und Glück), ich weiß.

Ein Protokoll unseres Alltags sah vor der Einschulung des Großen und wenn gerade mal keine Kinderarzttermine oder andere zusätzliche Verpflichtungen anstanden, so aus:

7:40 Uhr: Aufstehen! Was zwar nicht heißt, dass meine Frau und ich bis jetzt geschlafen hätten – irgendwer tritt uns und wälzt sich meist seit fünf Uhr morgens durch unser Bett –, aber immerhin durften wir bis jetzt liegen bleiben. Wache manchmal sogar neben ihr auf, meist aber mit mindestens einem kleinen Gast zwischen uns. Oder doch im Kinderzimmer: Wenn nachts mal einer von den Jungs wach wird und ich rübergehe, bleibe ich oft einfach dort liegen.

8:05 Uhr: Brote für die Kinder und Kaffee für uns machen, Milch, Saft oder Wasser einschenken, Umgekipptes wegwischen, beim Toilettengang helfen, Zähne putzen, Butler spielen, das übliche Programm. Kinder drölfmal einfangen und zum Anziehen ~~zwingen~~ motivieren – mit Abstand der stressigste Teil. Hätte ich eine Zeitmaschine, ich würde nicht die weite Zukunft oder Vergangenheit aufsuchen. Jeden Tag diese anstrengende halbe Stunde überspringen, würde mir schon reichen.

08:54 Uhr: Versuch des Aufbruchs. Jeder noch schnell ein Buch oder Spielzeug mitnehmen, Treppe runter, ohne dass jemand stürzt. Rad und Anhänger vom Hof auf den Bürgersteig bugsieren, Jungs da rein – und drei Minuten später sind wir am Kinderladen. Dort penibel darauf achten, dass jeder die Tür exakt so aufmachen darf, wie er möchte. Beim Ausziehen assistieren. Verabschieden. Und unter mal mehr, mal weniger »Geh nicht, Papa!«-Protest das Weite suchen.

9:12 Uhr: In der Redaktion angekommen. Ein Kollege, der selbst Vater ist, ist meist ungefähr zeitgleich da. Der Rest trudelt nach und nach ein.

15:45 Uhr: Durcharbeiten bis hierhin und spätestens jetzt los, weil der Kinderladen um Punkt 16 Uhr schließt. Meine Frau arbeitet in der Zeit im Homeoffice. Wenn sie nun zu Produktionszeiten besonders viel zu tun hat und noch länger oder auch am Wochenende arbeiten muss, ist das kein Problem mehr – ich kann ja übernehmen. Wenn ich wiederum mal etwas vorhabe oder Basketballspielen gehen will, kann ich das auch ohne schlechtes Gewissen tun – sie kann ja übernehmen. Elternsein bedeutet immer noch Logistik, aber eine überschaubarere als damals, als ich noch in Vollzeit arbeitete. Und in Notfällen gibt es ja noch die Großeltern in der Stadt (ein weiterer Glücksfall).

15:59 Uhr: Mindestens einer von beiden will den Kinderladen, in dem er morgens nicht bleiben wollte, jetzt auf keinen Fall verlassen. Klägliche Versuche des Zuredens und der Argumentation münden meist im Einsatz billiger Lockmittel (»Donut vom Bäcker, irgendwer?«) und Anziehhilfe.

16:06 Uhr: Rückweg. Im Winter geht es in der Regel direkt nach Hause, wird ja schon dunkel. Spielen, Abendessen, Aufräumen, Kneten, Malen, Bücher lesen, manchmal eine Runde »Paw Patrol«, »Micky Maus« oder einen Film im Fernsehen – und schon ist's langsam Schlafenszeit.

19:31 Uhr: Ab ins Bett! Seitdem auch Kid B trotz seines zarten Alters keinen Mittagsschlaf mehr macht, dauert das abendliche Ritual in seinen besten Momenten keine neunzig Minuten mehr, sondern zwanzig. Und auch hier wechseln meine Frau und ich uns ab, weil ein Erwachsener längst reicht, um zwei überdrehte Energiebündel in den Schlaf zu lesen.

20:15 Uhr: Feierabend, Elternfreizeit! (aka Serien, Instagram, Chips und Schokolade)

Zwischenfazit: Der Alltag ist durch meine Teilzeit und unsere Arbeitsteilung nicht unbedingt entspannter geworden. Aber weniger sinnlos.

Durch diese Entscheidung und ihre Umsetzung habe ich über die Arbeitswelt gelernt, was ich vorher bereits ahnte: Jeder ist ersetzbar; nichts ist im Nachhinein so wichtig, wie es ursprünglich angeblich mal war. Ich erledige meine Aufgaben noch schneller und effektiver, weil im Alltag eines Vaters keine Zeit für Prokrastination mehr ist und noch weniger für Überstunden.

Zum für viele wohl wichtigsten Punkt: Das Geld geht auch knapp noch klar. Ich verdiene nun brutto 900 Euro weniger, netto aber nur 400 Euro, den Steuern sei Dank. Zum Sparen bleibt nichts übrig, dafür bin ich jeden Tag ein maßgeblicher Teil im Leben meiner Kinder.

Sprich: Teilzeit ist (mindestens in Doppelverdiener-Haushalten) möglich. Für Väter nicht besser oder schlechter als für Mütter. Es braucht allerdings Willen, Verzicht, Aufgabenteilung und Glück. Von gelungener Vereinbarkeit möchte ich deshalb noch nicht sprechen, auch unsere neuere Situation bleibt ein Kompromiss. Aber einer, bei dem die Familie besser dasteht als vorher.

Ist das nur meine Filterblase oder nehmen nun tatsächlich immer mehr Väter immer länger Elternzeit? Selbst in meinem im Vergleich zu Berlin konservativen Heimatdorf?

Mein Eindruck trügt, die Zahlen aus dem bereits anfangs zitierten Väterreport 2021 belegen das: Erstens nehmen zwar immer mehr Väter Elternzeit, in der Regel aber kaum mehr als die üblichen zwei Monate. Und: Nur sechs Prozent aller erwerbstätigen Väter gehen überhaupt in Teilzeit, unter erwerbstätigen Müttern sind es 69 Prozent. Ich bin froh, hier nicht Teil des Durchschnitts zu sein. Weil mir meine Arbeit, auch abgesehen vom Geld, lieb und wichtig ist, ich aber hoffen kann, dass ich am Ende meines Lebens nicht bereuen werde, zu wenig gearbeitet zu haben. Höchstens immer noch zu viel. Wenn ich morgens am Kinderladen und nun auch an der Schule die Jungs verabschiede und – zum Glück sehr selten – der eine mit traurigem Blick »Geh nicht arbeiten, Papa, bleib bitte hier!« fordert oder der andere »Ich will nicht in die Schule!« ruft, zerreißt es mir weiterhin das Herz. Meist sage ich ihnen dann, wie sehr ich mich freue, sie schon am Nachmittag wiederzusehen, und schiebe hinterher: »Andere Eltern, meist Väter, kommen erst spätabends nach Hause, wenn ihre Kinder ins Bett müssen.« Dieses tradierte Modell kann ich mir so inzwischen gar nicht mehr vorstellen. Es sollte für niemanden ein Modell sein müssen.

Andere Länder, andere Lebensentwürfe und Arbeitsmodelle

Zum Vatertag 2021 teilte der freiberufliche IT-Berater, Blogger, Podcaster und Vater Falk Becker eine ernüchternde Zahl auf seinem Instagram-Account @papamachtsachen.[65] »Im Väterreport 2018 steht es: Väter verbringen pro Woche 1 h mehr Zeit mit ihren Kindern als vor 10 Jahren. Klingt gut?«, fragte er rhetorisch und schob die Antwort hinterher: »Eine Stunde. Pro Woche. Über den Verlauf von 10 Jahren. Eine Stunde Steigerung in zehn Jahren, das sind 6 Minuten Steigerung pro Jahr, und das wiederum bedeutet weniger als eine Minute zusätzlich pro Tag. EINE MINUTE! Und nächstes Jahr wieder eine. Klingt irgendwie schon nicht mehr so progressiv.« Im Väterreport-Update 2021 wurde dieser schleppend träge Langzeittrend bestätigt: »Beschäftigten Väter sich 1993 unter der Woche durchschnittlich 1,9 Stunden pro Tag mit ihren Kindern, waren es 2019 bereits 3,0 Stunden«, heißt es darin irreführend optimistisch.[66]

Wo kommt dieser schneckengleiche Fortschritt, der diesen Namen nicht verdient, her? Becker behauptete, Vereinbarkeit sei für Väter bloß ein Nice-to-have: »Mütter müssen Vereinbarkeit erkämpfen – sie versuchen, Erwerbsarbeit neben der Care-Arbeit unterzubringen. Väter können Vereinbarkeit wählen. Sie versuchen, Care-Arbeit neben der Erwerbsarbeit unterzubringen. Das liegt auch daran, dass Väter Care-Arbeit oft zu spät kennen und wertschätzen lernen. An der Verteilung der Elternzeit (und der Häufung von 2-Monats-Väterzeiten) lässt sich die spätere Verteilung der Care-Arbeit frühzeitig erahnen.«

Was muss nun passieren, um den Wandel zu beschleunigen? Becker schlägt vor, dass werdende Eltern frühzeitig ihre Rollen diskutieren sollen. Dass Elterngeld als staatliches Instrument Anreize schaffen müsse. Dass Väter länger (und allein) Elternzeit nehmen. Dass wir uns von einer »Vollzeit ist besser als Teilzeit«-Mentalität verabschieden sollten. Und dass das Aufziehen von zukünftigen Steuerzahlern gefördert werden müsse, nicht das Heiraten eines Steuerzahlers oder eine Steuerzahlerin. Er, der durch seinen öffentlichen Einsatz für mehr Geschlechtergleichstellung selbst als Vorbild funktionieren kann, findet zudem: »Es braucht mehr männliche Vorbilder. Besonders bei Themen, die dem eigenen Geschlecht selten zugeschrieben werden, braucht es männliche Vorbilder, idealerweise Vorgesetzte.«

In Deutschland existiert das Elternzeitmodell, wie wir es im Groben bis heute kennen, seit 2001; zuvor war von Erziehungsurlaub die Rede. Seit 2007 wird das Elterngeld einkommensabhängig ausgezahlt. Ferner erfolgte die Anpassung, dass sich der Anspruch von zwölf auf 14 Monate verlängert, wenn der Partner (in der Regel der Vater) mindestens zwei Monate davon nimmt. Beim 2015 eingeführten Elterngeld plus sind sogar bis zu 36 Bezugsmonate für beide Elternteile möglich. Davon sollen etwa Eltern profitieren, die während ihrer Elternzeit in Teilzeit arbeiten wollen. Es gibt also konkrete Anreize, die über den ideellen und eigentlich wichtigsten – nämlich mehr von seinem eigenen Kind zu erleben – hinausgehen. Sie werden zunehmend angenommen, aber in erwähntem Schneckentempo. Wie läuft es in anderen Ländern?

Einen Vorzeigeruf als Väterland genießt Schweden. Auf den ersten Blick aus naheliegenden Gründen (Achtung, Klischee):

Schwedische Männer sehen oft sehr gut aus, mit Baby auf dem Arm in ihrem minimal eingerichteten Holzhaus am See noch besser. Wie hervorragend es ihnen gehen muss! Jaja, die Kraft der Bilder. Aber woher kommen die? Die schwedischen Elternzeit- und Elterngeldregelungen gehen auf das Jahr 1974 zurück. Während in Deutschland Familien noch lebten wie Loriot sie in »Pappa ante portas« 1991 parodierte, wurden in Schweden bereits Anreize geschaffen, das tradierte Modell zunehmend zu überholen. Mit zählbarem Erfolg: Der Anteil der Väter, die Elternzeit beanspruchen, liegt in Schweden mit rund 42 Prozent über dem europäischen Durchschnitt. In Deutschland sind es immerhin rund 37 Prozent – etwa 70 Prozent von ihnen nehmen aber lediglich die zwei Partnermonate, während die Mütter die anderen zwölf nehmen und zu 90 Prozent Elternzeit beanspruchen. In der Länge der väterlichen Elternzeit liegt der größte Unterschied: Schwedische Väter bleiben im Durchschnitt sechs bis neun Monate zu Hause.

Konkret funktioniert das schwedische Modell wie folgt: Erwerbstätige Eltern, die über einen bestimmten Zeitraum hinweg Elternzeit nehmen wollen, dürfen dort für insgesamt 480 Tage Elterngeld beziehen. 90 Tage davon sind jedem Elternteil einzeln vorbehalten, die 300 weiteren Tage frei untereinander aufteilbar. Bei Zwillingen kommen weitere 180 Tage dazu. Und die Höhe des Elterngeldes? Für 390 Tage erhalten Elternteile 80 Prozent ihres bisherigen Bruttolohns – mindestens 180 schwedische Kronen und maximal 874 SEK am Tag. Für die noch offenen 90 Tage zahlt der Staat einkommensunabhängig eine Pauschale von 180 SEK pro Tag.[67] Darüber hinaus besteht in Schweden bis zum achten Lebensjahr des Kindes ein Anspruch auf Teilzeiterwerbstätigkeit.«[68]

In Schweden nehmen wegen wirtschaftlicher Anreize also mehr Väter länger Elternzeit als in Deutschland, und das schon seit längerer Zeit. Umso absurder erscheint es, dass schwedische Väter auch fast 40 Jahre nach Einführung der Elternzeitregelungen nicht als selbstverständlich angesehen werden: »Männer mit Kinderwagen sind seit der Einführung der geteilten Elternzeit 1974 zu so einem vertrauten Anblick geworden, dass es sogar einen Spitznamen – Latte-Papas – für die Sippe gibt«, erklärte der britische und in Malmö lebende Journalist Richard Orange noch vor knapp zehn Jahren im britischen *Observer*.[69] Ich frage mich: Wenn kümmernde Väter so vertraut sind, warum kriegen sie dann einen blöden Spitznamen? Mutmaßlich aus dem gleichen Grund, warum Mütter in Berlin Prenzlauer Berg oder dem Hamburger Schanzenviertel »Latte-Macchiato-Mütter« oder »Bionade-Mamas« genannt wurden: weil es immer Leute geben wird, die andere Lebensentwürfe ihnen unbekannter Menschen als potenziellen Angriff auf ihre eigenen verstehen.

Auch Spanien zeigt sich »großzügig«: Am 1. Januar 2021 trat dort ein Gesetz in Kraft, das es Vätern wie Müttern gleichermaßen erlaubt, vier Monate Elternzeit zu nehmen – bei voller Bezahlung und nicht auf den oder die Partner*in übertragbar. Für die Soziologin Constanza Tobío vermittelt diese neue Regelung die Botschaft, dass Väter das Recht und die Pflicht haben, sich um ihre Kinder zu kümmern – »zu den exakt gleichen Konditionen wie Frauen«, wie sie im Interview mit der spanischen Tageszeitung *El País* sagt.[70] Den größten Vorteil dieser neuen Regelung sieht María Pazos von der »Platform for Equal and Non-transferable Birth and Adoption Leave« (PPiiNA) nicht in der summierten und individuellen Dauer der Elternzeit (die sei in einigen anderen Ländern schließlich länger), sondern in der Unmöglichkeit der Übertragbarkeit, die anderswo dafür sorge, dass am Ende doch die Mütter den Großteil der Elternzeit beanspruchen. Sie kritisiert lediglich, dass die ersten sechs Wochen parallel genommen werden müssten und dass der Arbeitgeber des Vaters dessen Gesuch und der Inanspruchnahme in Voll- oder

Teilzeit zustimmen müsse, Väter also kein garantiertes Recht darauf hätten. Trotzdem sei Spanien damit in puncto Geschlechtergleichstellung unter Eltern das fortschrittlichste Land Europas.

Kleine Überraschung: In anderen zumindest teilweise fortschrittlichen Ländern wie den USA, der Schweiz und Israel existiert mitunter gar keine gesetzlich vorgegebene Elternzeit, in den USA nicht mal Mutterschutz. Dass Gesetze allein aber ohnehin nicht helfen, beweist der berühmte Fall des japanischen Umweltministers Shinjiro Koizumi. Als er im Jahr 2020 ankündigte, nach der Geburt seines Sohnes aus unserer Perspektive heraus lächerliche zwei Wochen Elternzeit zu nehmen und die auch noch über drei Monate splitten zu wollen, erntete er eine Mischung aus Kritik, Missgunst und Applaus. In Japan existiert zwar ein gesetzlicher Anspruch auf bis zu 52 Wochen Elternzeit für Väter. 2018 machten aber lediglich rund sechs Prozent aller männlichen Arbeitnehmer von diesem Recht Gebrauch. Die berüchtigte japanische Arbeitskultur sieht nicht vor, dass Väter sich um ihre Kinder kümmern. Deshalb war Koizumis Plan und dessen Umsetzung nicht der Versuch einer eigenen Heldenerzählung – sondern eine Pionierleistung mit Vorbildfunktion. Die Regierung hatte sich nach den Schlagzeilen um Koizumi auch wegen niedriger Geburtenraten zum Ziel gesetzt, dass mindestens 13 Prozent der arbeitenden Väter seinem Vorbild folgen.[71] Der Weg zur Gleichberechtigung ist dort noch ein besonders langer. Es geht eben immer schlechter – aber auch noch viel besser.

Die Vorteile des anwesenden Vaters

Ich finde: Es gibt, abgesehen von eventuellen ernst zu nehmenden finanziellen Engpässen, keinen Nachteil daran, ein anwesenderer Vater zu sein. Okay, vielleicht noch den, dass man sich zu Hause auf die Nerven geht. Darüber hinaus reden wir hier von einer Win-Win-Win-Situation: 1. Papa versauert nicht am Arbeitsplatz und setzt Prioritäten, die nicht nur ihm guttun, sondern auch seiner Familie und der Gesellschaft. 2. Mama muss nicht jeden Heim-Scheiß allein machen und kann auch Geld verdienen und sich um ihre eigene Rente sowie berufliche Verwirklichung kümmern. 3. Die Kinder erleben ihren Vater als gleichermaßen anwesenden und am Familienalltag teilnehmenden Elternteil wie ihre Mutter. Sie bauen eine enge Bindung zu mehr als einer Bezugsperson auf und nehmen für ihre Welt- und Geschlechteranschauung mit, dass auch Väter kochen, putzen und sich kümmern können – und dass auch Mütter wegen Videocalls, wichtiger Projekte oder Dienstreisen mal keine Zeit für sie haben. Wir Eltern stehen in der Verantwortung, zu hinterfragen und zu reflektieren, welche Rollen wir unseren Kindern warum vorleben – und ob das wirklich die Rollen sind, die sie später selbst einnehmen sollen.

Macht doch mal den Selbsttest: Wenn eure Kinder Hunger haben, wen fragen sie? Von wem lassen sie sich trösten, wenn sie traurig sind oder Schmerzen haben? Wenn sie in Kindergarten und Schule von zu Hause erzählen, an welchen Elternteil denken sie da wohl zuerst? Keine Sorge, ich werde hier nicht den seit Jahren durch Twitter und Co. geisternden Spruch »Euer Alltag ist ihre Kindheit« reproduzieren, der macht den unter kaum möglicher Vereinbarkeit leidenden Eltern existierenden Druck, »gute« Eltern zu sein und damit einhergehende Versagensängste bloß noch größer. Stellt euch aber die Frage, ob es wirklich okay für euch ist und bleiben wird, wenn die Antwort in allen Fällen »Mama« lautet.

Woran erkennt man einen guten Vater? Ich kenne die Antwort nicht – glaube aber, dass ein anwesender und aktiver Vater auf dem besten Wege ist, einer zu werden. Marco Krahl ist stellvertretender Chefredakteur von *Men's Health* und Redaktionsleiter des Magazins *Men's Health DAD* und dessen Online-Ableger *Dad Mag*. Der Vater zweier Kinder kannte die Antwort mutmaßlich ebenso wenig wie ich und hat sie deshalb anderen Vätern (aber nicht Müttern oder Kindern) gestellt.[72] In Kurzform lauteten die Antworten der sogenannten »Papa-Experten«:

1. Ein Vater, der ein gleichberechtigtes Elternteil sein will
2. Ein Vater, der keine Ersatzmutter ist
3. Ein Vater, der nicht nur auf Quality-Time setzt
4. Ein Vater, der sich durch Alltagstaten auszeichnet
5. Ein Vater, der cool ist, aber auch mal nervt
6. Ein Vater, der sich seiner Schwächen bewusst ist
7. Ein Vater, der seine Kinder zum Lachen bringt
8. Ein Vater, der an seine Kinder glaubt
9. Ein Vater, der sich nicht zu wichtig nimmt

Nicht alles davon ist in Quantität zu messen, auf die Stunden kommt es bei Quality Time nicht unbedingt an. Manches geht aber nicht ohne ein Mindestmaß an Anwesenheit. Damit Papa am Ende nicht nur der Fun Dad ist, der Geschenke von den Dienstreisen mitbringt und den berühmten Spielplatzhelden gibt. Sondern der, der seine Kinder zur Kita oder Schule bringt und abholt. Der mit ihnen zur Kinderärztin fährt, ihre Schuh- und Kleidergröße kennt. Der bei schlechtem Wetter Gesellschaftsspiele spielt. Der bei Alltagsfragen da ist und zum Beispiel sprachlich vorleben sowie erklären kann, dass es auch Feuerwehrfrauen und Astronautinnen, Putzmänner, Kassierer und Erzieher gibt. Der putzt, kocht, aufräumt, kuschelt und meckert. Der Care-Arbeit für die Kinder sicht- und spürbar übernimmt. Der auch deshalb mal Nein sagt, weil Alltag nicht nur aus Ja-Sagen besteht, und nicht deshalb, weil er den Patriarchen raushängen lassen will. Wer selbst kein Vorbild hatte, kann wenigstens selbst eines werden. Und die Welt für seine Kinder hoffentlich zu einer besseren, weil gleichberechtigteren machen.

Auf die Frage, was Kinder von all dem hätten, hat Väterberater Heiner Fischer eine klare Antwort für mich:»Kinder bekommen dadurch eine andere oder weitere Bezugsperson, die ihnen andere Impulse geben kann. Mütter geben aufgrund ihrer Erfahrung und Sozialisation andere Werte mit als Väter«, sagt er – wohlwissend, dass seine folgende Argumentation an Klischees kratzt.»In Studien zeigt sich: Männer spielen impulsiver, rangeln mehr, sind körperlicher. Frauen gehen mehr über die Gefühlsebene.«Das sollten Väter freilich auch verstärkt tun, findet Fischer:»Wir sollten eine Generation der anwesenden Väter werden, weil die Kinder dadurch ein stabileres Selbstbild bekommen. Nicht nur Söhne, auch Töchter haben eine stärkere Beziehung zu ihrem Vater, wenn der aktiv und anwesend war. Sie bekommen dadurch ein Männlichkeitsbild vorgelebt, das nicht über die Frau vermittelt werden muss.«

Fischer ist sich sicher: Wenn Kinder eine Bindung zu beiden (oder mehreren) Elternteilen aufbauen, gewinnen sie mehr

Sicherheit, einen größeren Erfahrungsschatz im Umgang mit Konflikten, Beziehungen und Gefühlen und dadurch eine Erweiterung ihrer eigenen Möglichkeiten. »Eltern als Team funktionieren als Leuchtturm. Wenn der eine nicht da ist, kann der andere einen genauso sicheren Hafen geben.«

Bindung ist auch für den Väterforscher Andreas Eickhorst das A und O in seiner Argumentation für gleichberechtigter lebende und erziehende Eltern. Er versteht persönlich und wissenschaftlich nicht, warum eine enge Beziehung zum Kind der Mutter vorbehalten sein soll: Die prinzipielle Fähigkeit zur Erziehung ist beiden binären Geschlechtern angeboren. »Wenn mütterliche Bindung hier aber einen so absoluten Vorrang hätte, könnten wir streng genommen Vätern ihre Kinder gar nicht anvertrauen. Es dürfte keine Leihmütter und keine Kinderheime geben, die leibliche Mutter dürfte niemals ausfallen.« Eickhorst ist deshalb großer Fan der nachgeburtlichen Bindung. Er glaubt: Die intrauterine Zeit macht in puncto Bindung einen großen Unterschied für Mütter – aber hält das Kind nicht davon ab, eine genauso starke Bindung zum Vater oder zu nicht-leiblichen Müttern aufbauen zu können.

Vom Win-Win-Ausgang einer guten Bindung und Beziehung zwischen Vater und Kind kann auch Mario Sudmann ein Lied singen beziehungsweise Kurse abhalten: Zehn Jahre arbeitete der 52-jährige Vater zweier Töchter im Teenager-Alter als Lean-Experte in einem Luft- und Raumfahrtunternehmen. Vor fünf Jahren hat er sich nach einigen Fortbildungen als Work & Family Coach selbstständig gemacht. Sudmann berät Eltern und Führungskräfte, bietet Seminare »für Mamas und Papas«, Webinare für familienfreundliche Unternehmen sowie Workshops für »Teambuilding und Prozessoptimierung« an. Er weiß offenbar nicht nur, was Väter, sondern auch was Firmen brauchen. Ein neues Programm soll Eltern und Kindern wieder zu Spaß bei den Hausaufgaben verhelfen. Kennengelernt haben wir uns online, unsere thematische Schnittmenge lag auf der Hand. In einem Live-Talk auf Instagram haben meine Follower und ich uns von Sudmann näherbringen lassen, wie man eine gute Bindung zu seinen Kindern aufbaut und warum das so wichtig ist. Am meisten beeindruckt hat mich ein Brief, den er eines Tages von seiner älteren Tochter bekam: Sudmann war früher, als Vollzeitarbeitnehmer in seinem alten Job, oft der genervte Papa, der abends nach Hause kam und dessen Kinder im buchstäblichen und übertragenen Sinne die Tür schlossen, wenn er sich mal pflichtschuldig am Small Talk versuchte. Einige Jahre und viele Veränderungen später bekam er zum Vatertag eine handschriftliche Nachricht[73], die derart schön und herzerwärmend klingt, dass man sich aufrichtig für ihn und seine Kinder freut. Darin stand: »Papa, Vatertag um Vatertag bist du ein immer besserer Vater geworden! Du hast dich weiterentwickelt, immer mehr dazu gelernt und einfach an dir als Vater gearbeitet. Und das mit einem RIESEN Erfolg! Denn du verstehst mich immer besser. Ich schätze es sooooo unglaublich dolle, dass du mir Freiheiten gibst und dich deiner Kinder zuliebe immer weiterentwickelt hast. Damit sie beste Kindheit haben, die man sich überhaupt vorstellen kann. Ich hab dich lieb Papa <3.« Hand aufs Herz: Wenn solche Briefe der eigenen Kinder nicht sämtliche vermeintlichen Entbehrungen in Konto und Karriere aufwiegen, was dann?

Ein naheliegender erster Schritt dahin, ein anwesenderer Vater zu sein, der die Bedürfnisse seiner Kinder nicht nur kennt, sondern auch befriedigen kann, ist Elternzeit. Deren Vorteile aber betreffen nicht nur das Private. Als ein wirtschaftliches Argument sei an dieser Stelle beispielhaft die Einschätzung des Psychiaters Christian Bachmann genannt. In einem Interview mit der *Welt* erklärt er, dass eine sichere Bindung zwischen Eltern und Kind, besonders aber zwischen Vater und Kind, dem Staat enorme Folgekosten ersparen könnte. Eine sichere Bindung bedeute, dass ein Kind seine Eltern als sicheren Hafen in Zeiten von Stress wahrnehme. »Selbst wenn man alle anderen familiären Faktoren wie Bildung, sozioökonomischen Status oder Ethnie überprüft, scheint die sichere Bindung das beherrschende Kriterium dafür zu sein, wie ein Kind sich entwickelt«, sagt Bachmann. Die gute Bindung an den Vater habe sich dabei als besonders wichtig herausgestellt: »Kinder, die eine unsichere Bindung an die Mutter hatten, haben eineinhalb mal so viele Kosten ausgelöst wie die sicher gebundenen. In Bezug auf die Väter lag dieses Verhältnis bei 10:1.«[74]

Die Unternehmensberatung McKinsey hat Anfang 2021 130 Väter aus zehn Ländern nach ihren Erfahrungen mit dem »paternity leave« befragt.[75] Ihre Antworten variierten naturgemäß so stark, wie die jeweiligen Elternzeitgesetze ihrer Herkunftsländer und individuellen Angebote ihrer Arbeitgeber. Einigkeit herrschte aber unter anderem in den maßgeblichsten Punkten: 100 Prozent aller Befragten waren froh, Elternzeit genommen zu haben und würden es wieder tun. 90 Prozent aller Befragten nahmen eine Verbesserung der Beziehung zu ihrer Partnerin oder ihrem Partner wahr. 20 Prozent spürten die Gefahr eines Karriereknicks als größtes Risiko – die Vorteile haben diese Sorge aber ausgeglichen. Die Stärkung der Partnerschaft, die eigene Etablierung als Elternteil von Anfang an, das Knüpfen einer lebenslangen Bindung mit dem eigenen Kind, die Karriere von Partnerin oder Partner fördern und daraus entstehende Benefits für die Familienkasse gewinnen, als Arbeitnehmer neue Motivation schöpfen – all das waren und sind maßgebliche Argumente, die bei den befragten Vätern für Elternzeit sprachen. Logisch, dass diese Auswirkungen umso nachhaltiger sind, je länger und intensiver die Elternzeit genommen werden kann.

Die Autor*innen der Umfrage haben abschließend stellvertretend für die befragten Väter die folgenden Empfehlungen an

Arbeitgeber aufgelistet, von deren Berücksichtigung alle Beteiligten profitieren würden:

1. Gebt Vätern die gleichen Leistungen wie frischgebackenen Müttern
2. Schafft eine Kultur, die den Vaterschaftsurlaub willkommen heißt
3. Klärt die Auswirkungen auf die eigene Karriere
4. Unterstützt Väter bei der Wiedereingliederung in den Arbeitsplatz nach der Beurlaubung
5. Etabliert familienfreundliche Richtlinien zur Unterstützung berufstätiger Väter

Abschließend möchte ich kurz auf eine Sorge eingehen, von der ich zum Glück regelmäßig vergesse, dass sie in manchen Köpfen überhaupt noch umherspukt. Besonders konservative Kerle mögen sich und ihren Kegelclub jetzt fragen: »Wenn ich ›Frauenarbeit‹ mache, bin ich dann noch Mann genug?« Die Antwort lautet: ja. Falls deine Kumpels das anders sehen, such dir neue, oder noch besser: Rede mit ihnen über dieses überholte Rollendenken. In bereits zitierter Vätergruppe auf Facebook fragte neulich einer, was Männlichkeit ausmache. Ob meine Antwort: »sich selbstverständlich und möglichst gleichberechtigt um die eigenen Kinder kümmern, ohne dafür von Partner oder Gesellschaft ein Schulterklopfen zu erwarten«, ihm gefiel, weiß ich nicht. Mir gefällt sie jedenfalls besser als »ein Ernährer sein« oder »Karriere machen«. Und ich glaube, dass viele Männer froh wären, wenn sie frei von überholten Erwartungshaltungen im 21. Jahrhundert ankommen dürften. Ich kann und will mir nicht vorstellen, dass ein Leben, in dem ich nichts als »Stärke« und Statussymbole präsentieren müsste, ein erfüllendes ist.

Don't get me wrong: Ich habe keine Ahnung, was einen guten Vater ausmacht. Das müssen wie bei Mario Sudmann meine Kinder eines Tages beantworten. Ich versuche lediglich, kein schlechter zu sein. Solange Dinge noch nicht selbstverständlich sind, muss man darüber reden. Im Büro, auf dem Spielplatz, im Internet, bei der Familienfeier. Damit auch die Letzten mitkriegen, dass es anders geht, gehen kann, muss und zukünftig wird. So hat es zum Beispiel der Journalist Moses Fendel getan. Er moderiert den Nachrichtenpodcast der *Zeit*, »Was jetzt?«. In den letzten zwei Minuten einer Folge Mitte April 2021[76] erklärte er, dass dies seine vorerst letzte Folge sei, er gehe bis Ende des Jahres in Elternzeit – und nutzte die Gelegenheit, um über leicht gestiegene Elterngeldbezüge von Vätern zu berichten. Applaus wollte er dafür spürbar nicht. Er wollte bloß selbstverständlich informieren und dazu beitragen, dass Väter, die längere Elternzeit nehmen, in unserer Gesellschaft normal werden. Und den ein oder anderen Mann motivieren, das auch zu tun.

HAUSAUFGABEN:

1. Fachlektüre gefällig? Buch-Autorinnen wie Nora Imlau und Susanne Mierau oder auch Instagram-Accounts wie @bindung_leben von Rita Hillen setzen sich intensiver mit dem Thema Bindungs- und Bedürfnisorientierung auseinander. Weil Elternschaft ebenso Väter meint, gibt es mittlerweile auch männliche Autoren, die spezieller über Vater-Kind-Bindungen schreiben. Carsten Vonnoh mit *Up To Dad*, Klaus Althoff und Nicola Schmidt mit *Vater werden: Dein Weg zum Kind* und Nils Pickert mit *Prinzessinnenjungs*, zum Beispiel.

2. Was wäre für euch ein anwesender Vater? Und wie könnt ihr beide zu dessen Anwesenheit beitragen?

Auch Vaterschaft
geht an die Psyche

Neue Aufgaben und Erwartungshaltungen von der Familie, den Arbeitgeber*innen, der Gesellschaft und sich selbst machen es Vätern zumindest kurz- und mittelfristig nicht einfacher. Dass Elternschaft die Psyche vieler junger Väter belastet, ergab eine Studie der Colorado School of Public Health.[77] Was auf den ersten Blick nach einem typischen Fall von Männergrippe klingt – sollen die Armen sich doch bitte nicht so anstellen, schließlich leiden Frauen in der Regel unter viel größeren Mehrfachbelastungen, sobald sie Mütter werden –, ist auf den zweiten Blick ein ernst zu nehmendes Problem. Männer erlebten während der Schwangerschaft ihrer Partnerin und bis zu einem Jahr nach der Geburt häufiger Angstzustände als bisher angenommen. In der Auswertung der Studie mit über 40.000 Teilnehmern, deren Antworten zwischen 1995 und 2020 erhoben wurden, ist von rund elf Prozent die Rede – während junge Mütter zu rund 17,6 Prozent während der Schwangerschaft und bis zu einem Jahr nach der Geburt unter Angst litten. Dies liege deutlich über den Durchschnittswerten der Weltgesundheitsorganisation für Angstzustände bei Frauen insgesamt, »entspricht jedoch den Schätzungen für junge Mütter aus anderen Metaanalysen«.[78]

Die Studienautorin Prof. Leiferman sieht in den erhobenen Zahlen ausreichend Grund, die Sorgen und Probleme junger Väter ernst zu nehmen: »Es ist wichtig, dass wir mehr Transparenz in Bezug auf die psychischen Gesundheitsprobleme von Männern schaffen. Wir hoffen, das Bewusstsein dafür zu schaffen, damit Betroffene bei Bedarf früher Hilfe erhalten.« Der Berater und Feminist Robert Franken erklärt die auch für Männer ungesunden Folgen des Patriarchats so: »Durchschnittlich sterben Männer früher, haben eine höhere Suizidrate, sind gesundheitlich stärker belastet als Frauen. Das hat damit zu tun, wie wir sozialisiert sind. Männer bewegen sich oft in einer Einbahnstraße aus Karriere, Statuserwerb und Dauerverfügbarkeit. Der Weg aber ist oft nicht selbst gewählt, sondern hat mit Erwartungen unserer Gesellschaft zu tun – auch wenn Karriere und Status für viele Männer erst einmal attraktiv wirken.«[79]

Da ist was dran: Klar, Frauen sind seit Jahrzehnten die Gelackmeierten und haben nach der Geburt ihres Kindes oft genug das berufliche und private Nachsehen. Männer haben demnach unterm Strich und im Direktvergleich nun wirklich keinen Grund zur Beschwerde. Dennoch tut die Gesellschaft gut daran, auch Männer zu empowern, ihre Gefühle und Nöte nicht kleinzureden. »Niemandem hilft es in seiner eigenen Situation, wenn er weiß, dass andere es noch schlechter haben«, findet auch Psychologe Eickhorst. Auch und gerade Väter, die es anders und besser machen wollen als die Generation vor ihnen, sollen demnach nicht alle Fehler bei sich selbst suchen. Auch sie sollten Auszeiten nehmen dürfen und sich Self Care erlauben. Deutschlandweit mangele es massiv an Väterberatung, sagt er – ein Grund dafür sei aber die fehlende Nachfrage, nicht die fehlende Notwendigkeit. Begriffe wie »Beratung« und »Hilfe« seien unter Männern immer noch viel zu oft mit einem Stigma belastet. Um Väter abzuholen, hießen solche Angebote deshalb oft Coaching. »Die Notwendigkeit sehen viele erst, wenn eine Trennung bevorsteht und sie akut Angst um ihre Ehe oder um ihre

Kinder haben«, weiß Eickhorst. Die Gründe dafür, dass Elternschaft zunehmend auch die Psyche von Vätern belastet, liegen meiner Meinung nach auf der Hand: Klar, manche wünschen sich heimlich, dass sie weiterhin in Ruhe von morgens bis abends im Büro hocken können und sehen ihren Status quo gefährdet. Viele aber wollen auch zu Hause mehr Verantwortung übernehmen. Sie wollen ihre Karriere nicht länger über die eigenen Kinder stellen und den vielfältiger gewordenen Ansprüchen an sie gerecht werden. Sie wollen gute Väter, gute Arbeitnehmer und gute Partner sein, ohne sich selbst komplett zu vergessen. Kurzum: »Männer erleben nun zunehmend all das, was Frauen schon ganz lange kennen. Frauen sind Karriereknicke gewöhnt. Das ist für Männer neu und schwer zu ertragen«, wie Patricia Cammarata die Gemengelage kommentiert. Darüber kann man sich lustig machen. Oder man kann die Probleme auch von grundsätzlich motivierten Männern ernster nehmen. Weil Elternschaft noch immer besser mit- als gegeneinander funktioniert.

Schauen wir uns in den nächsten Kapiteln einmal an, was Arbeitgeber*innen für mehr Gleichberechtigung, bessere Vereinbarkeit und damit für das Wohlbefinden ihrer Angestellten tun oder aus bestimmten Gründen leider auch nicht tun können.

HAUSAUFGABE:

Frage dich: Wie geht es dir mental? Und wann hast du zum letzten Mal mit deiner Partnerin oder deinem Partner darüber gesprochen, wie es dir geht? Wann zuletzt mit einem anderen Menschen?

New Work versus Old Jobs

SAP VERSUS ...

SAP ist eines der größten Software-Unternehmen der Welt. Der DAX-Konzern aus dem baden-württembergischen Walldorf hat weltweit über 100.000 und in Deutschland über 24.000 Beschäftigte. Rund 30 Prozent von ihnen sind Frauen. Der Umsatz betrug im Geschäftsjahr 2020 27,2 Milliarden Euro. Eine Firma dieser Größenordnung muss sich um ihre Attraktivität für Fachpersonal keine Sorgen machen, möchte man meinen. Außerordentliche Angebote für Eltern im Allgemeinen und Väter im Speziellen »gönnt« sie sich trotzdem: In seiner Keynote auf dem Väter-Summit 2020[80] spricht Deutschland-Personalchef Cawa Younosi über Vertrauensarbeitszeit, Eltern-Kind-Büro, Dinner to go, Führen in Teilzeit, Krippenplätze, Ferienbetreuung und Jobsharing. Es gehe ihm bei SAP um die wirkliche Vereinbarkeit von Job und Familie und einen Beitrag zu »echter Gleichberechtigung«. Dazu gehörten neben genannten und weiteren Angeboten auch, Sprache und Statussymbole zu überdenken sowie Väter ernst zu nehmen, die eben nicht nur Idiot Dads und Wochenendpapas sein wollen und sollen. Damit es nicht bei Lippenbekenntnissen bleiben würde, gründete Younosi als Schirmherr gemeinsam mit einigen Arbeitnehmern unter anderem das Netzwerk dads@sap. Uwe Hafner ist einer der Angestellten, der sich dort engagiert.

Dieses Netzwerk kümmert sich um Belange von Vätern und werdenden Vätern bei der SAP, erklärt Uwe mir im Video-Interview. Sie bieten demnach Austausch, ein soziales Netzwerk, organisieren Events mit Expert*innen, zum Beispiel zum Thema Geschwisterstreit oder Social-Media-Nutzung, und unterstützen Kollegen auch in Einzelgesprächen. Uwe selbst berät oft zum Thema Elternzeit und Elterngeld. Der Vater zweier Kinder und studierter Volkswirt ist 41 und arbeitet seit fünf Jahren in Vollzeit bei SAP als Enablement Project Manager. Seine Frau ist, aktuell kleingewerblich, als Fotografin tätig. Mittelfristig, sagt er, soll sie ihre Arbeit hochfahren und er seine auf 80 Prozent herunter. Sein Engagement im Väter-Netzwerk ist nicht Teil seiner Kernaufgabe, vom Arbeitgeber nach grundsätzlicher Absprache aber dennoch erwünscht. Bei SAP, sagt er, könne man bis zu zehn Prozent seiner Arbeitszeit für Netzwerktätigkeiten nutzen.

Schlagzeilen schrieb SAP mit seinem familienfreundlichen Programm zuletzt 2019. Damals kündigte Cawa Younosi an, dass der Konzern frischgebackenen Vätern künftig eine Arbeitszeitverkürzung bei vollem Lohnausgleich anbiete.[81] Seitdem können die Mitarbeiter ihre Arbeitszeit in den ersten acht Wochen nach der Geburt ohne Gehaltseinbußen um 20 Prozent reduzieren. Eine eventuell geplante »normale« Elternzeit soll davon unberührt sein, sie könne zum Beispiel direkt im Anschluss oder zu anderen Zeiten genommen werden. Aus reiner Nächstenliebe und dem intrinsischen Wunsch nach mehr Gleichberechtigung heraus setzt SAP solche Maßnahmen natürlich nicht um. »Das ist kein Goodie«, erklärte Konzernsprecher Daniel Reinhardt damals, »Flexibilität bringt Geld«. Aus Mitarbeiterumfragen weiß die Unternehmensführung: »Wenn die Belegschaft um ein Prozent zufriedener ist als im Jahr zuvor, dann macht sich das beim Konzerngewinn um mindestens 50 Millionen Euro bemerkbar. Die Zufriedenheit ist umso größer, je flexibler die Mitarbeiter ihr Arbeitsleben gestalten können.« Das schlägt sich auch im Profit nieder.

Die Rechnung scheint aufzugehen: Nach eigenen Angaben beträgt die Rückkehrquote nach der Elternzeit 100 Prozent, die jährliche Fluktuationsrate 1,3 Prozent, die durchschnittliche Betriebszugehörigkeit 14 Jahre und die durchschnittlichen Krankentage pro Mitarbeiter*in pro Jahr 3,7 – während 2020 über alle Branchen hinweg jede*r Arbeitnehmer*in in Deutschland krankheitsbedingt durchschnittlich 11,2 Tage fehlte, Tendenz steigend.[82]

Neben den wirtschaftlichen langfristigen Vorteilen will SAP mit seinen Maßnahmen auch sein Standing in der Politik, sein Image als moderner Arbeitgeber und seine Vorreiterschaft für mehr Diversität stärken: Im Juni 2021 etwa wurde Nina Strassner, Head of Diversity and Inclusion bei SAP und unter Elternbloggern auch als »Juramama« bekannt, als Sachverständige in den Deutschen Bundestag geladen. Sie sollte anhand des SAP-Praxisbeispiels aufzeigen, wie Modelle wie die Arbeitszeitverkürzung bei Lohnfortzahlung nach Geburt etabliert werden können und so vielleicht als eine Art Väterschutz eines Tages in die Gesetzgebung einfließen. Warum schaffen es andere deutsche, noch größere Unternehmen nicht, sich öffentlichkeitswirksam für mehr Mitarbeiter*innen-Wohl und Gleichberechtigung zu engagieren?

Uwe führt dies maßgeblich auf die Unternehmenskultur zurück. In anderen Unternehmen, das weiß er aus eigener Berufserfahrung, gehe es teilweise hierarchischer und formalistischer zu. »Im Führungskräftemanagement gib es die X- oder Y-Strategie: Gehe ich davon aus, dass alle Mitarbeiter*innen schlecht sind und ich sie kontrollieren und antreiben muss? Oder davon, dass sie alle eigenmotivierte Individuen sind, die ich nur bei Bedarf unterstützen muss?« Uwe glaubt: Viele andere Unternehmen kommen nicht auf diese Idee, weil sie nicht tiefer in ihre Belegschaft reinhören, wo deren Probleme liegen. Es gebe Unternehmen, die kapierten, dass man durch Nettigkeit und Unterstützung auch wirtschaftlich langfristig erfolgreicher sein kann. »Wenn du nur auf Quartalsergebnisse guckst und deine Sales-Mannschaft an den Rand des Machbaren bringst, fallen sie öfter aus, werden krank oder kündigen. Gesellschaftlich betrachtet ist es schlauer, es so zu tun wie SAP«, urteilt er.

Schön und gut, wende ich ein, SAP profitiert natürlich auch von seiner Größe in einem ländlichen Raum und der Tatsache, dass viele Konkurrenten für wechselwillige Arbeitnehmer*innen einfach zu weit weg sind. Zugleich hat das Unternehmen mit seinen Tausenden Mitarbeiter*innen ausreichend »Balancemasse«, wie Uwe es in unserem Gespräch nennt. Kein Kollege gerät dort unter den Druck der enormen Mehrarbeit, wenn ein Vater beispielsweise zwölf statt zwei Monate in Elternzeit geht, weil seine Aufgaben auf vielen Schultern verteilt werden können. Aber wie bitte schön soll ein kleiner Handwerksbetrieb wie der meines Vaters das händeln, der erstens nur eine Handvoll festangestellte Mitarbeiter beschäftigt und dessen Arbeiten wie Badezimmersanierung und Elektrik-Installation zweitens nicht aus dem Home- oder Mobileoffice heraus erledigt werden können? Darauf hat auch Uwe keine einfache Antwort. Aber es existieren neben individuellen Lösungen, die SAP anbietet und die auch in kleineren Unternehmen zwischen Arbeitnehmer*in und Arbeitgeber*in gefunden werden können, leider noch immer strukturelle Probleme, die solche Prozesse erschweren.

»Wer in Vollzeit arbeitet und in Elternzeit geht, muss finanzielle Einbußen hinnehmen. Das können sich viele nicht leisten. Wenn man wie ich gerade ein Haus baut, kann man nicht viele Monate auf sein Vollzeitgehalt verzichten«, sagt Uwe. Und nicht nur dann: Auch für Männer mit geringem Einkommen bleibt Elternzeit oft unerreichbar, denn die damit verbundenen Gehaltseinbußen wären für die junge Familie schwer zu stemmen.

Dass man nur einen gewissen sowie gekappten Prozentsatz Elterngeld kriege, halte viele Väter davon ab, sechs oder zwölf Monate in Elternzeit zu gehen, so Uwe weiter. Zudem liefere das Ehegattensplitting Fehlanreize, findet er. Er wünscht sich – übrigens neben einer langfristigen Abschaffung der Vierzigstundenwoche und der Einführung eines bedingungslosen Grundeinkommens – eine Ausweitung von Elternzeit und Elterngeld in Vollbezahlung. »Nach der Geburt unseres zweiten Kindes war ich drei Monate komplett in Elternzeit. Das war gut. Ich hätte gerne noch mal drei Monate gemacht, hätte es mir aber nicht leisten können in der aktuellen Situation.« Immerhin: Meinen Einwand, dass dies ja wohl eine Frage der Prioritäten sei – würde er kein Haus bauen, hätte er sich auch mehr Zeit für die Familie nehmen können – lässt er gelten.

Wir einigen uns darauf: Egal ob die Betriebe groß oder klein sind und das Monatsgehalt über- oder unterdurchschnittlich – wenn Arbeitgeber*innen mit ihren Mitarbeiter*innen sprechen, auf ihre Bedürfnisse hören und Möglichkeiten und mehr Flexibilität schaffen, ist ein erster Schritt getan. »Sprecht mit eurem Partner oder eurer Partnerin, was für wen und alle gemeinsam gut passt. Probiert es aus«, fordert Uwe und schlägt vor: »Wenn ein Arbeitgeber eure Wünsche und Vorschläge nicht akzeptiert, wechselt lieber mal die Abteilung oder den Arbeitgeber, als über Jahre hinweg in einer unzufriedenen Situation stecken zu bleiben.« Das ginge angeblich nicht nur in Branchen, in denen gut ausgebildete Akademiker*innen beschäftigt seien: »Auch Handwerker werden gesucht und gefragt. Auch in geringer bezahlten Berufen kann man stärker auftreten als Mitarbeiter und Forderungen stellen. Auch dort kann man sich Modelle erarbeiten, die vieles möglich machen.«

Kann man das wirklich? Da frage ich doch einfach mal meinen Vater.

... ELEKTRO-SANITÄR EMMERS

Als ich im Sommer 2021 für ein paar Tage meine Familie am Niederrhein besuche, läuft bei der Emmers GmbH im 3.000-Seelen-Dorf Wankum fast alles wie immer. Im Ladengeschäft vor der Werkstatt und der angeschlossenen Lagerhalle stehen Waschmaschinen, Trockner, Duschwände und Lichtschalter zu Schau. Es riecht nach kaltem Nikotin. Das Festnetztelefon klingelt. Die Corona-Pandemie brachte der Elektro-Sanitär-Firma zuletzt zu viele anstatt zu wenige Aufträge ein. Mein Vater sitzt von sechs Uhr früh bis sieben Uhr abends mit Blaumann in seinem Büro oder erledigt Kundentermine auf Baustellen. Seine Rechnungen und Angebote schreibt er wahrscheinlich bis zu seiner Rente samstags und sonntags per Hand – zum mutmaßlichen Leidwesen der zettelwirtschaftenden Sekretärin, die mich schon seit meiner Geburt kennt, und der sonst zufriedenen Kund*innen, die teilweise länger auf Post der Firma Emmers warten.

Mein Vater wurde 1963 geboren. Als ich ein kleiner Junge war, ging er zur Berufsschule und machte seinen Meisterbrief als Gas- und Wasserinstallateur. Sein zwei Jahre älterer Bruder ist gelernter Elektroinstallateur. Schon zu Beginn ihres Berufsweges stand fest, dass sie in dem 1882 von ihrem Urgroßvater gegründeten und seit 1930 eingetragenen Familienbetrieb nicht nur arbeiten würden, sondern ihn, wenn sie sich nicht allzu dumm anstellten, eines Tages übernehmen würden. 1994 war es so weit: Mein Opa Herbert Emmers senior übergab die Geschäfte an zwei seiner Söhne. Nicht erst seitdem arbeitet mein Vater sechzig bis siebzig Stunden pro Woche, auch die Geburt seines heute erwachsenen zweiten Sohnes Leon im Jahr 1998 oder der Einbau eines Herzschrittmachers im Jahr 2009 änderten nichts oder nur kurzzeitig was daran. Er und sein Bruder beschäftigen inklusive sich selbst insgesamt neun

Mitarbeiter*innen: zwei Geschäftsführer, vier Elektriker, zwei Sanitär-Fachmänner und eine Bürokraft.

Ob mein Vater das alles gerne macht? »Ja, die Arbeit macht mir Spaß«, sagt er. »In letzter Zeit weniger, weil es krankheitsbedingt immer stressiger wird. Ich werde älter und kann nicht mehr alles machen. Der Kopf und die Knochen wollen nicht mehr. Sonst habe ich die Arbeit immer gerne gemacht.« Die siebzig Stunden pro Woche und das tägliche Aufstehen vor sechs Uhr hingegen schlauchen ihn bis heute nicht, sagt er. Gewohnheit, nehme ich an.

In Familienbesitz wird der Betrieb mangels Handwerks-Nachwuchs in den eigenen Reihen nicht bleiben. Mein Vater will bis sechzig die Nachfolge gerne geregelt haben, damit er kürzertreten und helfen kann. »Ich kann auch bis siebzig weiter mitarbeiten, aber nicht mehr so viele Stunden.« Die Übernahme durch Angestellte wäre ihm am liebsten, alternativ müssten er und sein Bruder die Firma verkaufen oder sich nach einer anderen Geschäftsführung umsehen.

Elternzeit kam bei meinem Vater selbst aus mehreren Gründen nicht infrage: Als ich 1981 geboren wurde, war er ein 18-jähriger Teenager, der kurz zuvor seine Lehre begonnen hatte und sich kurz danach von meiner Mutter trennte. Auszeiten für Väter waren damals nicht vorgesehen, dafür war die Familie auf beiden Seiten so groß, dass sich immer jemand um den Nachwuchs kümmern konnte. Elternzeit für Väter war auch 17 Jahre später, bei der Geburt seines zweiten Sohnes 1998, noch kein Thema. Die Firmenverantwortung hätte es ohnehin kaum zugelassen. Seine ebenfalls berufstätige Lebensgefährtin, die dritte Oma unserer Kinder, nahm Erziehungsurlaub. So hieß das damals, die jetzige Elternzeit gibt es erst seit 2007. Nach der Geburt ihres Sohnes ging sie trotzdem vergleichsweise früh wieder arbeiten: »Ich habe immer gerne gearbeitet. Es ging mir auch um Selbstfürsorge. Leon konnte ich zum Glück sehr gut betreuen und in der anschließenden Selbstständigkeit meinen erlernten Beruf als Heilpädagogin ausüben, mich weiterbilden. Auch eine finanzielle Absicherung war mir wichtig«, erklärt sie. Den Haushalt und den Mental Load, der damals noch keinen Namen hatte, schmiss sie trotzdem nebenher im Alleingang. Dass mein Vater und sie sich Arbeit, Erziehung und Haushalt so aufteilten, wie sie es taten, wunderte niemanden. Erstens machten es fast alle so, zweitens erschien es schon aus wirtschaftlicher Sicht logisch und wegen der Firmenverantwortung meines Vaters nötig.

Obwohl seine Firma 100 Meter neben seinem Wohnhaus liegt, ist mein Vater wohl das, was man heute einen abwesenden Vater nennt. Mir fiel als Kind nie auf, wie viel er arbeitete, weil ich ihn meist nur an den Wochenenden sah, oft umgeben von Tanten, Onkeln, Großeltern, Cousinen und Cousins, Freundinnen und Freunden. Unterstützt hat er mich immer, ob beim Abitur, meinem »Work and Travel«-Trip durch Australien, dem Bachelorstudium, dem Umzug nach Berlin oder den Studiengebühren für das Master-Studium. Dafür bin ich ihm sehr dankbar.

Dass die Zeiten sich ändern, dass viele Menschen heute andere Lebens- und Berufswege einschlagen wollen als damals, versteht und begrüßt er einerseits durchaus. An meinem Beispiel kriegt er mit, dass Möglichkeiten und Versuche, Beruf und Familie besser oder anders zu vereinbaren, existieren. Elternzeit wurde für meinen Vater persönlich aber erst zu einem Thema, als einer seiner Angestellten sie nehmen wollte – und er als Geschäftsführer eines Kleinbetriebs an den Rand seiner Möglichkeiten kam.

Nach der Geburt seines ersten Kindes verließ einer seiner zwei Sanitär-Mitarbeiter zweimal für drei Monate komplett die Firma. Nach der Geburt seines zweiten Kindes blieb er noch mal drei Monate zu Hause und arbeitete danach über einen längeren Zeitraum vier statt fünf Tage pro Woche, damit seine Frau einen Tag den beruflichen Wiedereinstieg angehen konnte. Mein Vater und er fanden individuelle Lösungen, gemeinsam haben sie es gut hinbekommen. Seine Erfahrung damit ist trotzdem ernüchternd, wie er zugibt:»Das war nicht immer einfach. Es ist kaum machbar, dass bei zwei Mitarbeitern einer längerfristig ausfällt. Die Arbeit ist nicht aufzufangen, bleibt liegen, und ich kann und will Kunden nicht ewig vertrösten oder absagen.«

»Aber Papa«, frage ich ihn,»wie willst du es vermeiden, dass dein anderer Angestellter oder ein künftiger eines Tages von seinem Recht Gebrauch macht, Elternzeit anzumelden?«»Ganz einfach: Ich schreibe in den Arbeitsvertrag rein, dass ich einer Elternzeit nicht zustimmen werde«, scherzt er. Ich ahne: Wäre dies nicht sittenwidrig, er würde womöglich ernsthaft darüber nachdenken. Natürlich braucht er gute und motivierte Leute – aber eben, er braucht sie, weil er nicht wie zum Beispiel SAP eine Balancemasse hat, die einen längeren Ausfall problemlos kompensiert. Er sagt: »Schon mit 20 Mitarbeitern wäre es leichter, dann ziehe ich einen von einer Baustelle ab und die anderen brauchen dort eben zwei Tage länger. Aber der Auftrag kann trotzdem gemacht werden. Wäre ich 20 Jahre jünger, könnte ich das Badezimmer auch selbst noch mit rausreißen, das geht heute aber nicht mehr.«

Was muss sich ändern, damit eigentlich sinnvolle Regelungen wie das Elternzeitmodell einem kleinen Betrieb wie seinem nicht schaden? Die Antwort meines Vaters ist pragmatisch:»Es müsste rechtlich so geregelt werden, dass solche Gesetze erst bei einer bestimmten Firmengröße greifen«, findet er. Arbeitnehmer*innen von Kleinbetrieben wäre damit aber nicht geholfen. Gibt es keine anderen Lösungsansätze, die Arbeitgeber*innen wie meinem Vater und deren Arbeitnehmer*innen auf dem Weg zu mehr Vereinbarkeit unterstützen könnten? Hier bin ich mit meinem theoretischen Gleichberechtigungs-Latein für Sechstklässler am Ende. Mehr Geld vom Staat während einer Elternzeit würde ihm nicht helfen, sagt mein Vater, weil das Geld allein die anfallende Arbeit nicht erledigt und die Firma Emmers so viele Kund*innen über einen so langen Zeitraum betreut, dass er abgesehen von Urlaubszeiten längere Auszeiten nicht planen kann: Die Gesetzeslage sieht aktuell vor, dass ein*e Arbeitnehmer*in eine geplante Elternzeit spätestens zwölf Wochen vor ihrem Beginn bei der/dem Arbeitgeber*in melden muss, bei Kindern über drei Jahren sind es sieben Wochen. Der Terminkalender der Firma Emmers ist mitunter ein Jahr im Voraus dicht. Elternzeiten seiner Mitarbeiter*innen könnte mein Vater vielleicht dann mit einplanen, wenn sie mindestens zwölf Monate vorher angemeldet werden würden – im Falle einer geplanten Elternzeit direkt nach der Geburt also noch vor der Zeugung des Kindes. Das ist ebenso unwahrscheinlich wie für den Zeitraum der Elternzeit eine*r Angestellten eine Ersatzkraft auf Zeit zu finden. Die Handwerkerbranche boomt seit Jahren, selbst Jobeinsteiger*innen können sich ihre Arbeitgeber*innen aktuell aussuchen. Es mangelt an Nachwuchs – weil viele Eltern sich unabhängig vom Schulabschluss andere Berufe für ihre Kinder wünschten, glaubt mein Vater, und weil nachfolgende Generationen den Wert des Handwerks gar nicht mehr zu schätzen wüssten, weil wegschmeißen und neu kaufen oft billiger sei.

An dem Punkt lenke ich ein: Was hält seine Angestellten bei der gegenwärtigen Lage davon ab, bei Unzufriedenheit bei der nächstbesten Firma anzuheuern und dort besser verhandeln zu können als damals bei ihm?»Meine Jungs fühlen sich in der Firma wohl. Das merken sie immer dann, wenn sie mal gucken, wie es bei anderen Firmen läuft. Sie kriegen 30 Tage Urlaub, Tariflohn, Weihnachtsgeld, Urlaubsgeld, Geburtstags-, Weihnachts-, Oster- und Nikolausgeschenke, Neujahrsgrüße, Getränke und Kekse umsonst.« Gehaltserhöhungen gewährt er tarifentsprechend, Extrakosten kann er nicht auf die Kundschaft umlegen. Die ist nicht bereit, mehr zu zahlen, trotz gestiegener Nachfrage der Dienstleistung im Handwerk. Dennoch: Werden Handwerker*innen auch in den kommenden Jahren weiterhin so händeringend gesucht, muss mein Vater gegebenenfalls seine Flexibilität gegenüber Elternzeit und Co. erhöhen. Es dürfte besser sein, einen guten (und zufriedenen) Mitarbeiter an Bord zu haben, der mal für ein paar Monate ausfällt, als gar keinen. Allein schafft er das kaum. Während der Corona-Pandemie hat er sich von der Politik nicht gesehen gefühlt. »Überall redeten sie von Homeoffice. Haben die einen an der Waffel? Sollen mir die Kunden ihr kaputtes Rohr bringen, das ich repariere, es selbst wieder einbauen und das Loch in der Wand anschließend zumachen? Wir Handwerker sind zu Coronazeiten überhaupt nicht berücksichtigt worden. Dabei waren wir die Jecken, die die Wirtschaft mit aufrechterhalten haben.«

Ich frage ihn, ob Teilzeit eine mögliche Option für seine Mitarbeiter*innen wäre. Seine erste Reaktion lässt wenig Verständnis erhoffen: »Die machen doch nur 37,5 Stunden!«, sagt der Malocher aus einer anderen Generation, der wie selbstverständlich fast doppelt so viel arbeitet. »Das ist doch Vollzeit!«, entgegne ich. Er bleibt einerseits dabei, acht Stunden pro Tag und Freitag fünfeinhalb, das sei doch nix. Andererseits: Wenn jemand weniger arbeiten will, dann »finden wir einen zweiten, beide würden dann 20 Stunden machen.« – »Ach«, sage ich, «kosten zwei halbe Stellen dich nicht mehr als eine ganze?« »Nee«, sagt er, »ein bisschen vielleicht, aber das ginge. Die Stelle könnten wir für zwei Mann auslegen.« Früher von der Baustelle abhauen, um zum Beispiel seine Kinder aus dem Kindergarten oder der Schule abzuholen, wäre zwar schwierig, individuelle Lösungen könnten und müssten aber auch hier gefunden werden. Einfacher einzukalkulieren wäre es, wenn jemand tageweise fehlen würde. Die Bedenken, die mein Vater ferner dazu hegt, fußen auf grundsätzlicheren Problemen:»Ein Handwerker kann eigentlich gar keine dreißig Stunden arbeiten«, glaubt er. »Dem fehlt dann das Geld, um eine Familie zu ernähren.« Ich entgegne, dass dafür ja die Frau mehr arbeiten könne und er nicht mehr die finanzielle Last allein auf seinen Schultern trüge. Ja, denkt er laut nach, das würde zwar die Organisation des Alltags deutlich erschweren, wäre aber natürlich machbar. Und plötzlich sind wir gedanklich dort, wo meines Erachtens nach alle Arbeitgeber*innen und -nehmer*innen hinsollten. Das Problem sind natürlich nicht Arbeitgeber*innen wie mein Vater. Das Problem sind die ungleichen Voraussetzungen, mit denen Arbeitgeber*innen wie er kämpfen. Er würde freilich keinem Angestellten verbieten, Zeit mit seiner Familie zu verbringen. Anders als bei Großunternehmen wie SAP wäre seine Firma von einem Ausfall eines Arbeitnehmers oder einer Arbeitnehmerin aber existenziell bedroht. Das eingesparte Gehalt, das seinem Sanitärfachmann während einer Elternzeit zu 65 Prozent vom Staat bezahlt wird, fängt nicht die fehlenden Umsätze auf, die während einer Elternzeit anfielen. Mein Vater rechnet vor:»Das trägt sich bei kleinen Firmen nicht. Wir haben laufende Kosten: Halle mieten, Werkzeug abbezahlen und so weiter.« Ihm gehen durch eine*n fehlende*n Mitarbeiter*in Aufträge mit einem Umsatz von 20.000 bis 50.000 Euro flöten, das fängt das gesparte Gehalt von zum Beispiel 3.000 Euro brutto monatlich nicht auf,»da würde auch unser Steuerberater den Kopf schütteln.«

Betrachtet man nun die durchschnittlichen Unternehmensgrößen in Deutschland, wird diese Schieflage offensichtlich: Die Umsetzung vieler Gesetze, Modelle und Regelungen von längerer Elternzeit über Home- und Mobileoffice bis hin zu Jobsharing funktioniert umso reibungsloser, je größer und digitaler ein

Unternehmen ist. Von über 2,58 Millionen Unternehmen in Deutschland fielen 2018 über 2,1 Millionen in die Kategorie »Kleinstunternehmen«, also laut Definition solche mit maximal neun Beschäftigten und zwei Millionen Euro Umsatz pro Jahr.[83] Dort arbeiteten 2019 immerhin 18 Prozent der rund 44,5 Millionen Erwerbstätigen in Deutschland.[84] Ein nicht irrelevanter Teil aller Anstrengungen auf dem Weg hin zu mehr beruflicher Gleichberechtigung kommt bei diesen Menschen möglicherweise überhaupt nicht richtig an. Die Arbeitgeber*innen und Arbeitnehmer*innen in Kleinstunternehmen wie dem meines Vaters haben oft ganz andere Sorgen. Sie sind ernst zu nehmen, oft strukturell und stehen einem Wandel im Weg. Und das bedeutet oftmals eben auch, dass die *Blue-Collar*-Worker, die Blaumannträger*innen, gegenüber den *White-Collar*-Workern, also denen in Büros mit den weißen Hemden, einmal mehr das Nachsehen haben. Väter, die Elternzeit länger als zwei Monate nehmen, die Teilzeit, bessere Vereinbarkeit und mehr Gleichberechtigung einfordern, bleiben damit noch länger die Exoten, als es uns allen eigentlich lieb sein kann oder sollte. Vielleicht braucht es noch viel grundsätzlichere Veränderungen: beispielsweise bei dem, was wir als Voll- und Teilzeitarbeit verstehen.

»NEW WORK«-LEXIKON: DAS ABC DER (SCHÖNEN) NEUEN ARBEITSWELT

Ihr seid nicht eure Eltern: Familie und Karriere müssen längst kein Widerspruch mehr sein. Beides kann zumindest in einigen Branchen halbwegs zusammengehen – wenn Arbeitgeber*innen und Arbeitnehmer*innen die folgenden Begriffe kennen und von ihnen Gebrauch machen.

Arbeitszeiten

From 9 to 5 plus Mittagspause und Überstunden? Damit muss Schluss sein: Studien haben längst bewiesen, dass das menschliche Hirn frühmorgens noch nicht fit ist, ab Nachmittag einen Durchhänger hat und Zeit absitzen Effizienz vermindert. Immerhin: Erwerbstätige Männer arbeiteten 2017 mit 38,9 Stunden pro Woche durchschnittlich sechs Prozent weniger als noch im Jahr 1991 – aber immer noch 8,4 Stunden pro Woche mehr als Frauen. Weil jede zweite Frau in Teilzeit arbeitet, aber nur jeder zehnte Mann nicht in Vollzeit.

Betriebsvereinbarung

Deine Firma ist groß genug für einen Betriebsrat? Es gibt einen? Glückwunsch, dann hat er eventuell Rahmenbedingungen für eure Arbeitsverträge ausgehandelt. Darin kann es um Sonderurlaube und Sozialpläne gehen, aber auch um Vereinbarungen zu → Cloudworking, → Homeoffice, → Quotenregelung und so weiter.

Cloudworking

»Fräulein Müller, suchen Sie bitte die Akte WTF-666-1997 heraus und legen sie mir in mein Büro?«

Solche Sätze gehören natürlich aus sexistischen, aber auch aus technischen Gründen der Vergangenheit an: Sämtliche Daten, auf die mehrere Mitarbeiter*innen Zugriff benötigen, können in einer Cloud, also auf von überall aus erreichbaren Internetservern, abgelegt werden. Stets aktuell, nicht unsicherer als der Schrank im Vorzimmer und immer erreichbar – auch vom → Working Space aus. Die Verwendung kann übrigens auch in der → Betriebsvereinbarung festgehalten werden. Daran müssen sich dann auch die Chefs halten. Zumindest theoretisch.

Digital Natives

Anderes Wort für die Vertreter*innen der sogenannten Generation Y und Z. Gemeint sind all diejenigen, die nach dem Jahr 1980 geboren wurden, den Umgang mit Computern und Internet nicht erst von ihren eigenen Kindern lernen mussten und für die → New Work hoffentlich noch vor ihrem Renteneintritt gelebte Arbeitsrealität wird.

Elternzeit

»Endlich Langzeiturlaub!«

Wer das denkt, hat keine Kinder. Selbst wenn Eltern diese Zeit gemeinsam und zum Reisen nutzen, geht es um gegenseitige Entlastung, eine Bindung zum Kind – das hat mit Entspannung und Erholung nichts zu tun.

In Deutschland können aktuell zwölf bezahlte Elternzeitmonate genommen werden, die die Elternteile sich bis zum dritten Lebensjahr des Kindes aufteilen können (sogar 14 Monate sind möglich, wenn Mutter UND Vater in Elternzeit gehen). Was viele nicht wissen: Unbezahlte Elternzeit kann auch danach beantragt werden, in Summe dürfen bis zur Vollendung des achten Lebensjahrs des Kindes maximal 36 Monate zusammenkommen.

Ernüchternde Statistik: In Deutschland nehmen prozentual zwar immer mehr Väter Elternzeit, davon aber im Durchschnitt kaum länger als drei Monate. Und wenn diese Zahlen auf über ein Drittel aller Väter zutreffen, heißt das eben auch, dass zwei Drittel aller Väter weiterhin ganz auf die Gelegenheit ihres Lebens verzichten. Anträge, Infos und Beratung gibt es bei der Elterngeldstelle des für den Wohnort zuständigen Jugendamts.

Festanstellung

Wer als Arbeitnehmer*in in Festanstellung anheuert, tut dies in der Regel aus Karrieregründen oder aus einem Sicherheitsbedürfnis heraus. Wegen planbarem regelmäßigem Gehalt, Urlaubstagen und anderen Benefits. Fehlt davon zu viel oder vermisst man die Selbstbestimmung, ist vielleicht der Weg in die Freiberuflichkeit oder Selbstständigkeit der richtige Schritt. Doch Obacht: Mehr Freiheit heißt auch mehr Verantwortung – nämlich für sich selbst und seine Familie.

Gehalt

Traurig, aber wahr: Auch 2019 verdienten Frauen in Deutschland immer noch 21 Prozent weniger als Männer in den gleichen Positionen. Und das nicht, weil sie schlechter qualifiziert wären, sondern weil sie durch → Mutterschutz und → Elternzeit zu mehr Auszeiten gezwungen werden. Damit sich jemals ein Gleichgewicht im sogenannten Gender Pay Gap einstellen kann, gehören 1. mehr Frauen in Führungspositionen (siehe → Quotenregelung) und 2. mehr Männer in → Elternzeit.

Homeoffice

Der Begriff wird zunehmend durch »mobiles Arbeiten« ersetzt. Beides besagt: Wenn man nicht gerade Ärzt*in, Handwerker*in oder

Lehrer*in ist, kann man seine Arbeit heutzutage von vielen Orten aus erledigen. Solange die technischen Voraussetzungen gegeben sind (siehe → Cloudworking) und Handy, Laptop und ein Internetzugang vorhanden sind, kann man seinen Job zum Beispiel daheim oder an der Ostsee erledigen. Eine → Betriebsvereinbarung hilft, die Anzahl der Tage zu verhandeln und Strukturen zu schaffen.

Ich gehe heute früher, Chef*in

Einst eine geeignete Wortwahl, um einen Wutanfall zu provozieren. Heutzutage darf das bei den am Computer arbeitenden Berufsgruppen eigentlich kein Problem mehr sein: Dank → Homeoffice ist der*die Kolleg*in in Notfällen eh erreichbar und auch motivierter, wenn er*sie sich die → Arbeitszeiten selbstbestimmter einteilen kann.

Jobsharing

Wer sagt eigentlich, dass man die Vierzigstundenwoche (→ Arbeitszeiten) als Einzelkämpfer*in runterkloppen muss? Mehrere Teilzeitarbeitnehmer*innen könnten sich stattdessen – zumindest theoretisch – eine Vollzeitstelle teilen. Praktisch bedarf dies allerdings viel Abstimmung untereinander und liberaler Arbeitgeber*innen. Ist aber sogar in Führungspositionen denkbar. Sagt der oder die ein*e Chef*in zum/zur anderen: →»Ich gehe heute früher, Chef*in.«

Kita-Gebühren

Sind bisher Länder- und Kommunensache und gleichen deshalb einem Flickenteppich: Sie berechnen sich mal nach Betreuungsumfang und -dauer, Alter der Kinder, Art der Einrichtung, Einkommen und → Arbeitszeiten der Eltern, dann wieder nach ganz anderen Kriterien. In Kiel kann man so gut und gerne auf bis zu 400 Euro pro Monat pro Krippenplatz kommen, neun Prozent des Haushaltsnettoeinkommens gehen in Schleswig-Holstein im Schnitt für Kita-Gebühren drauf. In Berlin hingegen wurden sie zum 1. August 2018 komplett abgeschafft. Das »Gute-Kita-Gesetz« soll bundesweit vergleichbare Verbindlichkeiten schaffen und mehr Geld freimachen. Denn klar ist: Wer arbeiten will und/oder muss, wann und wo auch immer, braucht Kinderbetreuung und muss sie sich leisten können.

Life-Work-Balance

Heißt eigentlich Work-Life-Balance, aber wer will schon seine Arbeit vor sein Leben stellen? Wir sind doch hoffentlich nicht mehr wie unsere Väter!

Mutterschutz

Beschreibt mehr als nur den Zeitraum vor und nach einer Entbindung, in dem die Mutter »geschützt« werden und entsprechend nicht arbeiten soll. Auch der besondere Kündigungsschutz von Schwangeren sowie Beschäftigungsverbote gehören zu den gesetzlichen Schutzbestimmungen. Dass es keinen entsprechenden Vaterschutz gibt, ist biologisch absolut gerechtfertigt, denn die Schwangerschaft können Männer ihren Frauen nun wirklich nicht abnehmen. Männer können aber zu Hause sein, damit ihre Frauen sich nach den körperlichen Strapazen der Schwangerschaft und Entbindung nicht übernehmen.

New Work

Erfunden hat das Konzept der in Sachsen geborene und im Mai 2021 mit 90 Jahren gestorbene österreichisch-amerikanische Philosoph Frithjof Bergmann. Das Ende der klassischen Lohnarbeit muss seiner Theorie nach nicht zwingend in Massenarbeitslosigkeit münden, sondern kann zu einer neuen Freiheit und Selbstbestimmtheit führen:»New Work« bedeutet zu entscheiden, Dinge zu tun, an die man glaubt, so wird Raum für Kreativität und Selbstverwirklichung erschaffen. An dem Punkt sind wir zwar noch lange nicht angekommen, aber bitte: What's not to like?

Open Source

Idee und Begriff stammen aus der Programmierer-Szene: Als Open Source wird Software bezeichnet, deren Quelltext öffentlich und von Dritten eingesehen, geändert und genutzt werden kann. Durch diese offene und kooperative Form der Arbeit entstand zum Beispiel Wordpress, die bis heute beste und am weitesten verbreitete Blogsoftware der Welt. Kaum ein Plug-in, das nicht schon wer geschrieben hätte. Auch Wikipedia konnte nur durch seine Millionen Contributors, die ihr Wissen teilen, entstehen. Mit dem Elternkosmos hat dies vordergründig nichts zu tun. Aber mit »New Work« – und es fängt mit »O« an.

Partnermonate

Umgangssprachlich für Vätermonate, weil ein Großteil der Elternzeit nehmenden Väter ihre Monate nicht allein, sondern gemeinsam mit der Mutter nehmen. Dank des Elterngeld Plus ist übrigens auch eine längere Teilzeit (maximal 28 Monate) innerhalb der Elternzeit möglich. Das wird leider immer noch oft belächelt, was häufig aber auch an den Vätern selbst liegt: Nein, liebe Wochenendpapas und liebe Gesellschaft, Väter sind keine Helden, wenn sie ihre Kinder wickeln, zur Krippe bringen oder mit ihnen mehr als eine Stunde ihrer Zeit pro Tag verbringen. Sie sind Väter.

Quotenregelung

Sie ist nötig, solange die Wirtschaft von alten, weißen Männern dominiert wird, die nicht ausschließlich nach Qualifikation, sondern auch nach Geschlecht einstellen. Das bei Arbeitnehmerinnen vermutete »Risiko«, dass sie wegen → Mutterschutz, → Elternzeit und → Teilzeit länger ausfallen, muss in Zukunft bei männlichen Mitarbeitern genauso groß sein. Väter, nehmt mehr → Elternzeit und → Teilzeit! Für euch und eure Frauen! Auch die Lücke im → Gehalt kann nur durch gerecht bezahlte Frauen geschlossen werden.

Revolution, Digitale

Wird auch Dritte Industrielle Revolution genannt, begann in den letzten Jahrzehnten des 20. Jahrhunderts und ist die Ursache für all das, was wir heute unter → New Work fassen. Diese mediale Umwälzung hat locker die Hälfte der Begriffe dieses auf Papier gedruckten Lexikons erst denk- und machbar gemacht. Ihre weitreichenden Folgen waren auch für Pionier*innen nicht abschätzbar. Bill Gates hat 1981 angeblich gesagt: »640 kB sollten eigentlich genug für jeden sein.«

Sabbatical

Du willst mehrere Monate oder ein Jahr Auszeit von der Arbeit nehmen? Um zu reisen, einem Burn-out vorzubeugen, einen kranken Elternteil zu pflegen, ein Buch zu schreiben oder einfach Zeit für dich zu haben? Hast aber nicht so viele Urlaubstage? Kein Problem: Ein Sabbatical ermöglicht es, eine Art unbezahlten Langzeiturlaub einzulegen – wenn es der Arbeitgeber und das eigene Konto erlauben.

Teilzeit

Aus eigener Erfahrung weiß der Autor dieses Glossars: Teilzeit tut gar nicht weh, im Gegenteil. Es verbessert die → Life-Work-Balance und schadet dem Konto nur bedingt (wenn das Vollzeitgehalt mindestens dem Bundesdurchschnitt entspricht und das Konto keinen übermäßigen Dispo aufweist). Nur wichtige betriebliche Gründe erlauben dem Arbeitgeber die Ablehnung des Antrags. Ein Anspruch auf Rückkehr in Vollzeit besteht nur bei Teilzeit innerhalb der → Elternzeit und bei der am 1. Januar 2019 eingeführten Brückenteilzeit. Die regelt genau das: eine zeitlich befristete Teilzeitarbeit mit einem Rückkehrrecht in die vorherige Arbeitszeit an gleicher Stelle.

Unternehmenseigene Kinderbetreuung

Da Betreuungsplätze für den Nachwuchs heutzutage rarer sind als bezahlbare Wohnungen, bieten auch Betriebe ab einer gewissen Größe zunehmend eigene Kitaplätze für ihre Mitarbeiter*innen an. Die Chefs und Chefinnen haben mitbekommen, wie wichtig die → Life-Work-Balance für die Zufriedenheit ihrer Arbeitnehmer*innen ist. Und es hat sich mittlerweile auch bei ihnen herumgesprochen, dass viele Mütter schnell wieder in den Beruf einsteigen wollen.

Vertrauensarbeitszeit

Bedeutet das Ende von festen → Arbeitszeiten und Anwesenheitspflicht. Arbeitnehmer*innen einigen sich mit den Arbeitgeber*innen nicht auf eine pro Tag abzuleistende Stundenzahl, sondern auf die Erledigung von Aufgaben – wann, wo und wie auch immer das geschieht. Problem: Seitdem der Europäische Gerichtshof im Mai 2019 die Arbeitszeiterfassung geregelt hat (um Arbeitnehmer*innen vor Überstunden zu schützen), haben es Vertrauensarbeitszeit-Vereinbarungen schwerer. To be continued!

Working Space

(Co-)Working-Spaces sind temporär anzumietende Schreibtische in Großbüroräumen, in denen Start-ups gerne anfangen, um die Fixkosten gering zu halten und sich Equipment und Strukturen zu teilen. Sie erfreuen sich besonders in der Kreativbranche großer Beliebtheit und helfen auch in den Anfängen der Selbstständigkeit: Keinen Bock, allein im Pyjama am Küchentisch zu sitzen? Geht anderen auch so!

X wie Extra

In Stellenausschreibungen für → Young Professionals sind sie fast zur Floskel verkommen: Kein Start-up, das statt mit Weihnachtsgeld nicht mit flachen Hierarchien, Kicker, Tischtennisplatte, Frinks und Fitnesscenter-Abos werben würde. All das zahlt zwar die eigene Miete nicht, aber kann, zumindest kurzfristig, für eine Verbesserung der → Life-Work-Balance sorgen. Auch → Unternehmenseigene Kinderbetreuung ist ein X. Ein besonders wertvolles zudem.

Young Professionals

Waren einst die Traumarbeitnehmer*innen großer Firmen: jung, gut ausgebildet, heiß auf eine steile Karriere, arbeitswillig – und sie kosteten kaum etwas. Heute haben konservative Arbeitgeber*innen zunehmend Probleme mit hochqualifizierten Berufseinsteiger*innen: Sie wollen nicht nur mehr Geld, sondern auch flexible Arbeitszeiten, Freiräume und viele andere New-Work-Benefits, die sich in diesem Lexikon finden. Gut so!

Zeit ist Geld – und Zeit

Schließen wir dieses Alphabet mit einer bekannten Weisheit: Von Geld kann sich eure Familie zwar einiges kaufen – Lebenszeit mit euch gehört aber nicht dazu.

Was wäre, wenn wir alle nur noch zwanzig Stunden arbeiten würden?

Im März 2021 gingen die Investment-Banker bei Goldman Sachs auf die Barrikaden.[85] In einem Aufstand ohnegleichen forderten sie schier Undenkbares: Statt hundert wollen sie doch tatsächlich nur noch achtzig Stunden *in der Woche* arbeiten! Ha! Diese faulen Socken! Gut, Familie haben diese Workaholics wahrscheinlich noch nicht und werden, so hoffe ich, mit diesem Life-, pardon, Workstyle wohl auch so schnell keine gründen. Aber im Ernst: Selbst die bei uns in den meisten Branchen verbreitete, ebenfalls familienunfreundliche Vierzigstundenwoche muss ja nicht in Stein gemeißelt sein. Wer sagt, dass unser Modell das bestmögliche ist? Wenn über Vereinbarkeitsangebote und -szenarien gesprochen wird, fällt oft der unsägliche Begriff der »vollzeitnahen Teilzeit«. Ist mehr beziehungsweise weniger wirklich nicht drin?

Unter der Überschrift »Was wäre, wenn … wir alle nur noch 20 Stunden arbeiteten?« entwarf der Journalist und Buchautor Christoph Koch für das Wirtschaftsmagazin *brand eins* 2018 ein Szenario[86], in dem Teilzeit als die neue Vollzeit durchgespielt wird. Neu war diese Idee schon damals keineswegs: Koch zitiert den Philosophen und Mathematiker Bertrand Russell, der bereits 1935 eine Welt erdachte, in der Menschen nur noch vier Stunden am Tag arbeiten.

Der Weg zu Glück und Wohlfahrt lag für Russell in einer »organisierten Arbeitseinschränkung«. Weil die Technik weiterentwickelt würde, reichten bald auch verkürzte Arbeitszeiten, um ein »komfortables Auskommen« zu sichern. Die Zeit, die Arbeitnehmer*innen dadurch gewönnen, könnten sie zum Beispiel der Forschung oder Kunst widmen. Russell tagträumte: »Vor allem aber wird es wieder Glück und Lebensfreude geben statt der nervösen Gereiztheit, Übermüdung und schlechten Verdauung.« Wenn er wüsste, wofür 86 Jahre später die Jungbanker bei Goldman Sachs so kämpfen, er würde sich wohl im Grabe umdrehen.

Was aber würde sich tatsächlich ändern, wenn wir heute alle nur noch zwanzig Stunden arbeiteten? Wie so viele in diesem Buch versammelten Stimmen (darunter meine eigene) sieht Koch zuerst positive Auswirkungen auf die Geschlechtergerechtigkeit, wenn Gender Care Gap sowie Gender Pay Gap geschlossen würden: »Frauen leisten fast doppelt so viel unbezahlte Arbeit im eigenen Haushalt wie Männer. Das ließe sich leichter ändern, wenn die Lohnarbeit zwischen Mann und Frau gerechter verteilt wäre«, schreibt er. Auch die Produktivität könnte steigen: »Die als Parkinson'sches Gesetz bekannte und meist augenzwinkernd zitierte Regel besagt, dass ›jede Arbeit sich genau in dem Maß ausdehnt, wie Zeit für ihre Erledigung zur Verfügung steht‹.« Von Koch zitierte Umfragen und Studien belegten, dass in Unternehmen mit mehr als 1.000 Beschäftigten nur 45 Prozent der Arbeitszeit für die eigentliche Tätigkeit aufgewendet würden. 55 Prozent gingen nach Angaben der Befragten »für endlose E-Mail-Ketten und unnötige Meetings drauf«. Für die Arbeitswelt gelte außerdem, »dass Über-40-Jährige ab 25 Wochenstunden an Leistungsfähigkeit einbüßen, da sie dann weniger aufmerksam und kreativ sind«.

Die Vorteile von verkürzter Arbeitszeit gehen über steigende Produktivität und Geschlechtergerechtigkeit hinaus: Da Prognosen davon ausgehen, dass in den kommenden zwei Jahrzehnten bis zu 59 Prozent aller Arbeitsplätze durch Maschinen ersetzt werden, könnte »eine flächendeckende Reduzierung der Arbeitszeit ein Weg sein, solch drastischen Veränderungen zu begegnen«. Auch Verkehrs- und Umweltprobleme könnten damit in den Griff zu kriegen sein: Wenn nicht alle ihre Stunden zur selben Zeit und idealerweise sogar vollkommen flexibel und nach Möglichkeit von zu Hause aus absolvierten, würde es keine klassische Rushhour mit vollen Autobahnen, Zügen und Supermärkten mehr geben.

Es gibt aber nicht nur Vorteile. Koch führt aus, dass sich nicht jede Arbeit in weniger Zeit erledigen lässt und dass Zwanzigstundenwochen nicht zu doppelt so vielen Beschäftigungsverhältnissen führen. Die in einem Land gegebene Menge an Arbeit bleibt nicht nur wegen zunehmender Industrialisierung, Technologisierung und Digitalisierung nicht gleich, sondern auch, weil bestimmte »Fixkosten sowie Aufwendungen für Anwerbung und Einarbeitung dafür sorgen, dass zwei Arbeitskräfte, die jeweils 20 Stunden arbeiten, teurer sind als eine, die 40 Stunden arbeitet.« Kochs Beispiel: Wenn eine Pflegekraft nur noch zwanzig Stunden arbeitet, ist zur kontinuierlichen Betreuung der Pflegebedürftigen eine zweite Pflegekraft nötig. In Kreativbranchen ist das mitunter anders – wenn das Ergebnis trotzdem stimmt. Am Ende greift hier das gleiche Prinzip wie bei den (Un-)Möglichkeiten des mobilen Arbeitens: Ich als Journalist und Autor kann meinen Job von fast überall erledigen, solange ich Computer, Telefon und Internet in Reichweite habe. Eine Dachdeckerin kann das nicht, ganz unabhängig von den Arbeitsstunden.

Ein weiteres Problem wäre das der Entlohnung: Koch stellte fest, dass bei einem Experiment in Schweden eine Verkürzung der täglichen Arbeitszeit von acht auf sechs Stunden in einem Seniorenheim zwar zu einer besseren Pflege und weniger Fehlzeiten durch

Krankheit führte. Durch den vollen Lohnausgleich stiegen jedoch die Kosten, weshalb der staatliche Träger den Versuch nach zwei Jahren beendete. Man müsse das Modell einer Arbeitszeitverkürzung in Deutschland demnach ohne Lohnausgleich denken. Koch zitiert dazu den Volkswirt Niko Paech von der Universität Siegen: »Im Fall der schrittweisen Einführung einer 20-Stunden-Woche ist das weder machbar noch nötig«, sagt der. »In einer modernen Gesellschaft wäre es möglich, mit 20 Stunden bezahlter Arbeit über die Runden zu kommen – in Verbindung mit ergänzender Selbstversorgung und einem sesshaften Lebensstil.« Konsumbeschränkung? Bei uns? Mir scheint, hier lägen Theorie und Praxis sehr weit auseinander.

Vielleicht ist es aber auch das Patriarchat, das eine grundlegende Veränderung unserer Arbeit nicht gutheißen würde. Koch beendet sein Szenario mit anderen Worten des Mannes, den er schon am Anfang zitierte. Bertrand Russell glaubte, dass eine Zwanzigstundenwoche auch den Weltfrieden voranbringen würde. Er schrieb: »Die Lust am Kriegsführen wird aussterben (...), weil Krieg für alle lang dauernde, harte Arbeit bedeuten würde.« Hach, wie schön das wäre, auch und gerade für die Zukunft unserer Kinder. Und wie unrealistisch das leider ist. Dennoch: Gedankenexperimente können im Kleinen einen Unterschied machen, selbst wenn sie im Großen nicht umsetzbar sind.

HAUSAUFGABE

Wie würde euer Leben mit zwanzig Stunden Arbeit pro Woche aussehen? Wie ließe sich das finanziell lösen – worauf könntet ihr verzichten, was könntet ihr kompensieren?

Die Zeiten gendern sich

Wer sich nun fragt: Schön und gut, aber mit welchen Instrumenten, die realistischer als eine Zwanzigstundenwoche sind, können Politik und Wirtschaft über Eltern- und Teilzeit hinaus denn nun Familien, der Gleichberechtigung und damit sich selbst auf die Sprünge helfen? Vor- und Nachteile der folgenden Modelle, Gesetze und Themen lohnen sich ganz konkret, in einer breiteren Öffentlichkeit als bisher diskutiert zu werden. Denn Zeiten gendern sich![87]

»VÄTERURLAUB«

Warum gibt es in Deutschland Mutterschaftsurlaub, aber keinen Vaterschaftsurlaub? Über diese Frage könnte man sich genauso vortrefflich ärgern wie über die Tatsache, beides landläufig »Urlaub« zu nennen. Wer bereits Kinder hat, weiß, dass keine Zeit weniger mit Erholung zu tun hat als die mit einem Neugeborenen. Mal abgesehen davon und im Ernst ist die Frage berechtigt: Natürlich braucht eine werdende oder frischgebackene Mutter mehr Schutz im ursprünglichen Sinne als ein Vater, weil das Baby in ihrem Körper heranwuchs, von ihr geboren wurde und oft von ihr gestillt wird – eine enorme psychische und physische Belastung. Aber gerade deshalb braucht sie auch einen Partner, der nicht drei Tage nach der Geburt wieder im Büro sitzt, weil der Chef oder die Chefin Druck macht, sondern der zu Hause ist und sich kümmert. Das sehen zum Glück nicht nur Eltern so: Eine 2019 beschlossene EU-Richtlinie sieht zehn Tage »Vaterschaftsurlaub« direkt nach der Geburt des Kindes vor. Konkret hieße deren Umsetzung, dass Väter einen gesetzlichen Anspruch auf Arbeitsfreistellung bei Lohnfortzahlung hätten. Ihre eigentlichen Urlaubstage oder eine eventuelle Elternzeit blieben davon unberührt.[88] Die Richtlinie muss laut EU bis August 2022 umgesetzt werden. In Schweden, Frankreich und Spanien etwa wird sie in Varianten längst angewandt. Die letzte Regierung Merkel aber sah bis zuletzt ihre Notwendigkeit nicht, weil Elterngeld- und Elternzeitgesetze ausreichen. Beides stelle nicht nur Elternteile besser, als es die EU-Richtlinie tue, sagte das Bundesministerium für Familie, Senioren, Frauen und Jugend. Mehr noch: Eine Sprecherin erklärte im Sommer 2021 gegenüber der *Welt*, dass ein zehntägiger Vaterschaftsurlaub das Ziel des Elterngeldes konterkarieren könnte. Man befürchte, dass Väter ausschließlich jene Tage in Anspruch nähmen, »um einen möglichen Konflikt mit dem Arbeitgeber zu vermeiden«.[89]

Eine Frechheit und Bevormundung gleichermaßen, finde ich: Da soll eine Richtlinie denjenigen das Familienleben erleichtern, die sich aufgrund überholter Ansichten nicht trauen, länger in Elternzeit zu gehen – und eben diese Väter werden in ihren Sorgen bestärkt statt entlastet. Die Doofen sind am Ende wieder die, die sich mehr zu Hause einbringen wollen, aber durch Strukturen weiterhin nur schwer gelassen werden. Und warum soll man an einer anderen Stelle nichts Sinnvolles tun, nur weil es an der einen Stelle doch schon besser läuft als vor 15 Jahren? Die Zeit, die Väter im Vergleich zu Müttern durchschnittlich zu Hause und ohne Erwerbsarbeit verbrachten, wäre zudem weiterhin ein Witz.

Ein Rechtsgutachten im Auftrag des Deutschen Gewerkschaftsbundes hat der Ansicht des Familienministeriums mittlerweile widersprochen. Die stellvertretende Vorsitzende des Deutschen Gewerkschaftsbunds Elke Hannack unterstützt die EU-Richtlinie mit den Worten: «Wir brauchen die Vaterschaftsfreistellung zur Geburt, sie ist ein wesentlicher Punkt für die Vater-Kind-Bindung und neben dem Elterngeld ein wichtiger Anreiz für Väter, sich partnerschaftlich an der Kinderbetreuung zu beteiligen.»[90] Sollte Deutschland sie nicht fristgerecht umsetzen, droht ein Vertragsverletzungsverfahren. Die endgültige Umsetzung der Richtlinie könnte dadurch noch weiter auf sich warten lassen. Immerhin heißt es im Ende 2021 veröffentlichten Koalitionsvertrag der rot-grün-gelben Regierung:»Wir werden eine zweiwöchige vergütete Freistellung für die Partnerin oder den Partner nach der Geburt eines Kindes einführen.«[91]

Was auch immer in Zukunft mit der Umsetzung der EU-Richtlinie in Deutschland passiert oder nicht passiert: Ich finde, viele Väter brauchen den berühmten Tritt in den Arsch, den sie vom Sport und den Kollegen kennen. Hilfe zur Selbsthilfe, sozusagen. Damit sie endlich die Vorteile verschobener Prioritäten erkennen, sich dadurch zu mehr Elternzeit durchringen könnten, Vorbilder für nachfolgende Väter werden und finanziell nicht unmittelbar in Bedrängnis kommen. Was für viele der Besserverdienenden, die hier eventuell mitlesen, kein echtes Problem wäre. Looking at you, Hausbauer!

VERPFLICHTENDE ELTERNZEIT FÜR VÄTER

Am Anfang dieses Buches sprach ich in einem Halbsatz davon, dass man viele Väter eventuell zu ihrem Glück zwingen müsse – zum Beispiel durch eine verpflichtende Elternzeit. Die Partnermonate als Erweiterung unserer aktuellen Elterngeld-Regelungen waren ein erster Schritt in diese Richtung: Wem die Aussicht, mehr Zeit mit seinem eigenen Kind verbringen zu können, nicht Anreiz genug war, wird dadurch motiviert, mindestens die zwei Monate Elternzeit zu nehmen, die dazu führen, dass beiden Elternteilen insgesamt 14 statt zwölf Monate Elterngeld gezahlt werden. Diese Option wird einerseits zunehmend angenommen, wie die leicht steigenden Elternzeit-Zahlen von Vätern belegen.[92] Andererseits bremst sie aus: Ein Großteil der Väter, die Elternzeit und Elterngeld beanspruchen, tun dies nicht für einen Zeitraum, der über jene zwei Monate hinausginge. Was gleichzeitig heißt, dass die Mutter in der Regel immer noch der Elternteil ist, der durchschnittlich 80 Prozent länger mit Kind zu Hause und dem Berufsleben fernbleibt als der andere.

Eine verpflichtende Elternzeit für Väter könnte diese Schieflage ändern. Mit gutem Beispiel geht in dieser Hinsicht, wie so oft, Schweden voran: Paare dürfen dort 480 Tage Elterngeld beziehen und davon 300 Tage frei untereinander aufteilen. Damit bleiben Väter mit gesetzlicher Absicherung und gesellschaftlichem Rückenwind mindestens drei Monate, durchschnittlich aber sogar noch länger, mit Kind zu Hause. Auch das spanische Modell, das Vätern mindestens vier Monate Elternzeit sehr nahelegt, hat einerseits eine Vorbildfunktion. Andererseits ist mit vielen bisherigen Wegen und Versuchen, Elternzeit paritätischer aufzuteilen, leider einmal mehr zuerst der Mittelklasse geholfen. Warum?

Grundsätzlich muss man sich Elternzeit überhaupt erst einmal leisten können. Das geht am ehesten mit einem guten Gehalt. Zwar lag das durchschnittliche Bruttoeinkommen in Deutschland 2020 bei 47.700 Euro, allerdings sind (je nach Branche) auch Einkommen unter 2.000 Euro brutto im Monat durchaus üblich. Da beim Elterngeld 65 Prozent des Nettoeinkommens fließen, wird es da schnell knapp. Männer und Frauen mit kleineren Löhnen müssen gut rechnen.[93] Die Geringverdienerkomponente, mit der bis zu hundert Prozent des Gehalts als Elterngeld gezahlt werden kann, greift nur bis zu einem Einkommen bis zu 1.000 Euro. Viele Väter führen deshalb auf die Frage, warum sie kaum oder keine Elternzeit nehmen, finanzielle Gründe ins Feld.[94] Betrachtet man jetzt also die Forderung, mehr verpflichtende Partner*innenmonate einzuführen, um mehr Väter in Elternzeit zu bringen, könnte das einen negativen Effekt haben. Diese Idee gehe in der Realität an den finanziellen Möglichkeiten der Mehrheit der Paare vorbei, schreibt etwa die Autorin, Beraterin und Feministin Teresa Bücker in ihrer Kolumne »Freie Radikale« im Magazin der *Süddeutschen Zeitung*.[95] Solange das Einkommen des Vaters für viele Familien den größten Teil des Haushaltseinkommens darstelle, könnten mehr verpflichtende Elterngeldmonate für Väter sogar bedeuten, dass die Väterbeteiligung an der Elternzeit insgesamt sinke. Weniger Väter könnten es sich leisten, vier Monate auszusetzen als zwei. Diese verzweigte Diskussion kann hier nur angerissen werden, wer tiefer einsteigen will, lese bei Bücker nach. Eine Idee wäre aber, das Elterngeld zu erhöhen, damit mehr Väter wenigstens die Chance haben, sich dafür entscheiden zu können.

Wenn das gesellschaftlich sinnvollste Ziel also nicht die so viel zitierte 50:50-Aufteilung sein kann, was dann? Es gibt auch radikalere Forderungen: Der *Zeit*-Redakteur Alard von Kittlitz schlug in einem Text mit dem schönen Titel »Die Babopflicht«[96] 2020 vor, dass man Väter vielleicht einfach zur Elternzeit zwingen solle; der Journalist, Autor und Feminist Jochen König kannte die Mittel dazu: »Wer Vollzeit arbeitet und unter sieben Monate in Elternzeit geht, sollte das Sorgerecht verlieren«, forderte er in einem als solchen gekennzeichneten Gastbeitrag auf *Zeit online*.[97] Sogar der Chefredakteur Jochen Wegner fiel König dafür öffentlich in den

Rücken. In seinem Podcast *Alles gesagt?* kommentierte er, dass er Königs Forderung »ziemlich schlimm« finde, weil ihm diese Debatte »ein bisschen zu extrem« sei: »Am anderen Ende ist es ja so, dass wenn man von oben drauf guckt auf die Gesellschaft, die Väter dafür büßen, dass sie in einer Gesellschaft leben, in der es asymmetrische Einkommensverhältnisse gelegentlich gibt. Was heißt gelegentlich, das ist der Normalfall.« König wiederum kommentierte diese Aussage auf seiner eigenen Facebook-Seite mit den Worten:[98] »Vielleicht weiß ein Chefredakteur gar nicht, dass es andere Kriterien gibt, nach denen man eine Entscheidung treffen kann, außer dem wirtschaftlichen Kriterium, und dass es gar keine Pflicht dazu gibt, immer die wirtschaftlichste Entscheidung zu treffen?«

An diesem Punkt drehen wir uns im Kreis. Natürlich gibt es gute Gründe dafür, nicht ausnahmslos nach wirtschaftlichen Aspekten zu entscheiden. Aber eben auch nur für diejenigen Eltern, die nicht allzu schlecht verdienen – und gerade die sind es absurderweise, die oft nichts anderes als das tun. Ich finde: Wenn immerhin all diejenigen, die finanziell und partnerschaftlich standfest genug sind, neue Vorschläge nicht als Bevormundung sehen, sondern als mögliche Chance zu einer nachhaltigen Veränderung von Familie und Gesellschaft, hätten wir schon viel gewonnen. Dann bräuchte es auch gar keine Pflicht, die ohnehin die Falschen treffen könnte.

HAUSAUFGABE:

Na, seht ihr mittlerweile genug Gründe, als Väter freiwillig Elternzeit zu nehmen und das idealerweise länger als zwei Monate? Oder würde euch eine Pflicht helfen, weil ihr so zum Beispiel Diskussionen mit dem Chef oder der Chefin vermeiden könntet?

EHEGATTENSPLITTING

Ein Schritt hin zur Auflösung traditioneller Rollenverteilungen ist die Abschaffung des Ehegattensplittings. Dieser Steuervorteil begünstigt Ehen, in denen das Einkommen der beiden Partner stark auseinandergeht oder gar nur eine*r arbeiten geht. Als das Splitting 1958 in der Bonner Republik eingeführt wurde, war für die Rolle des Haupt- oder Alleinverdieners der Ehemann vorgesehen – und die Arbeitsteilung in der Ehe sogar noch gesetzlich fixiert. Ein Hintergrund der neuen steuerlichen Regelung war damit auch, Frauen Erwerbsarbeit nicht allzu nahe zu legen, sondern das Hausfrauenmodell und damit ein konservatives Familienideal zu fördern.[99]

Kritische Stimmen verweisen seit Jahrzehnten auf die negativen Effekte: Bis heute legt das Splitting die Einverdienerehe nahe. Rein wirtschaftlich gesehen lohnt es sich schlichtweg nicht, ein ähnlich hohes Einkommen beider Eheleute anzustreben. Die traditionelle Rollenverteilung bleibt tendenziell erhalten. Hinzu kommt ein negativer psychologischer Effekt: Das kleinere Einkommen wird durch die gemeinsame Veranlagung verhältnismäßig hoch versteuert, sodass auf dem Zettel nicht mehr viel übrigbleibt. Zudem hat, darauf verweist beispielsweise die Ökonomin Monika Schnitzer, die kurzfristige Ersparnis des Splittings Langzeitfolgen für weibliche Lebensläufe: Nach den Kindern aus Teilzeitarbeit rauszukommen, wenn der Mann schon einen großen Karrierevorsprung und sich alles eingespielt hat, ist nicht immer einfach. Der Verdienst bleibt gering, die Rente ist es dann auch. Wie nötig deshalb eine Reform ist, belegte auch das Rheinisch-Westfälische Institut für Wirtschaftsforschung (RWI) im Juni 2021: Eine Abschaffung des Splittings könnte sich »sehr positiv auf die Erwerbstätigkeit und auf die Geschlechtergleichheit in Deutschland auswirken«, sagt RWI-Finanzwissenschaftler Robin Jessen im *Handelsblatt*.[100]

Als Familie sind wir also bis heute in der Steuerpolitik mit einem Relikt konfrontiert, das längst überholte Vorstellungen konserviert – rein rechnerisch, aber auch in seiner politisch-symbolischen Strahlkraft. Wir wollen aber nicht nur in den Köpfen nicht mehr in den 1950ern leben, sondern auch auf dem Papier. Familien sind vielfältiger geworden. Neben dem klassisch-konservativen Modell Mama-Papa-Kind(er) gehören Alleinerziehende, Patchworkfamilien, Co-Parents, homosexuelle Eltern und Regenbogenfamilien genauso zu unserem Alltag und unserer Gesellschaft. Warum werden so viele Menschen strukturell benachteiligt? Und warum werden stattdessen auch kinderlose Ehen mit dem Splitting entlastet? Robert Ide kommentierte im *Tagesspiegel*-Newsletter »Checkpoint«: »Heute gibt es zehn Millionen Ehen ohne Kinder, aber mit Geldvorteil für ungleich verdienende Partner.«[101] Daran muss sich etwas ändern.

SPD, Grüne und Die Linke kündigten vor der Bundestagswahl 2021 an, das Ehegattensplitting mindestens reduzieren oder steuerrechtlich anpassen zu wollen. Die CDU hielt jedoch daran fest. Antje Tillmann, damals finanzpolitische Sprecherin der Unionsbundestagsfraktion, fand es »äußerst befremdlich«, dass die Studie Kindererziehungsarbeit für ökonomisch überhaupt nicht relevant halte. Für sie sei die Betreuung und die Vorbereitung der Kinder auf das spätere Berufsleben genauso wichtig wie die eigene Teilnahme am Berufsleben. Gut betreute und ausgebildete Kinder stärkten langfristig auch das Wirtschaftswachstum.« Das Ehegattensplitting stelle laut Tillmann sicher, dass Ehepaare sich frei entscheiden könnten, ob beide arbeiteten oder sich die Erwerbs- und die familiären Pflichten zeitweise teilten.[102] Was sie damit aber auch sagt: Gleichberechtigung ist Privatsache. Und dass nicht nur Familien mit vergleichsweise geringem Einkommen zuerst nach Wirtschaftlichkeit entscheiden, haben wir bereits gelernt.

Was die CDU dafür interessieren müsste, ist der von Finanzwissenschaftler Jessen nachgewiesene positive Effekt auf den Arbeitsmarkt. Bei gleichem Steueraufkommen, so das Ergebnis der oben zitierten RWI-Studie, seien rund 500.000 zusätzliche Vollzeitbeschäftigte und ein einmaliger Aufschwung der deutschen Wirtschaft um 1,5 Prozent möglich.[103] Klingt überzeugend? Nicht für die Gegner*innen der Abschaffung. Sie führen ein weiteres mutmaßliches Gegenargument an: Weil eine Abschaffung des Ehegattensplittings nur neu geschlossene Ehen betreffen könne, blieben bereits verheiratete Frauen auch nach einer Abschaffung des Ehegattensplittings finanziell von ihren in der Regel besser verdienenden Männern abhängig. Die hätten also nichts davon. Man verzichte deshalb lieber ganz auf die Abschaffung. Ich habe von Finanzpolitik noch weniger Ahnung als von Fußball, aber dieses Argument erscheint mir ähnlich an den Haaren herbeigezogen wie das eines Berliner Kita-Trägers, im Corona-Sommer 2021 nur deshalb für keinen einzigen seiner Kindergärten Luftfilter für den kommenden Herbst und Winter anzuschaffen, weil das Geld nicht für alle reichte und, Stichwort »Gleichbehandlung«, man niemanden benachteiligen wolle.[104] Sie sagen damit: Bevor nur einem Teil von Menschen geholfen wird, helfen wir lieber niemandem – und nehmen alle damit einhergehenden Verluste und Gefahren in Kauf. Es wird an der Zeit, dieses Denken aufzugeben, wenn wir gesellschaftlich etwas verändern wollen. Und vielleicht ist auch das Ehegattensplitting in seiner jetzigen Form bald Geschichte: Zwar konnten sich SPD, Grüne und FDP nach der Bundestagswahl 2021 nicht auf eine grundlegende Steuerreform einigen. Aber das Ehegattensplitting mit den Steuerklassen 3 und 5 soll es künftig nicht mehr geben. Im Koalitionsvertrag hieß es dazu vage: »Wir wollen die Familienbesteuerung so weiterentwickeln, dass die partnerschaftliche Verantwortung und wirtschaftliche Unabhängigkeit mit Blick auf alle Familienformen gestärkt werden.«[105]

FINANCIAL LOAD

Meine Frau, unsere zwei Kinder und ich leben in einer Vier-Zimmer-Wohnung in Berlin-Kreuzberg. Beide verdienen wir kein schlechtes und kein bemerkenswert gutes Geld. Wir kommen gut über die Runden. Beim Einkauf im Supermarkt oder bei anderen kleinen und mittleren Anschaffungen müssen wir nicht jeden Cent dreimal umdrehen. Ein Problem hätten wir dennoch, würde Folgendes eintreten: Würde unsere Miete dem aktuellen Durchschnitt ähnlicher Wohnungen in vergleichbarer Lage entsprechen und würde nur langfristig eine Person von uns Geld verdienen, könnten wir uns ein relativ komfortables Leben in der Großstadt nicht mehr leisten. Ein Umzug wäre auch keine Option, weil der Wohnungsmarkt in Berlin so kaputt ist, dass wir selbst für eine halb so große Wohnung mehr Miete als die aktuelle zahlen müssten – wenn wir überhaupt eine finden würden. Wenn es uns so ergehen könnte, wie muss es dann all den schlechter gestellten Familien ergehen?

Diese unterschwellige Existenzangst, die wir theoretisch erahnen, gehört für viele Eltern zum Alltag. Teilzeit- und Elternzeit-Überlegungen wie die hier angestellten sind für sie mutmaßlich nichts als Luxus: Wenn Papa seinen Vollzeitjob nicht hält, brechen harte Monate an. Das Argument, dass Frauen durch Erwerbsarbeit unabhängiger von ihren Männern werden und auch ihrer eigenen Rentenkasse helfen, bringt ihnen nichts. Es gibt trotzdem gute Gründe für eine Neuverteilung des Financial Load: Erstens liegt dann die Last des »Ernährers« nicht allein auf Papas Schultern. Zweitens wäre ein Jobverlust des einstigen Hauptverdieners zumindest kurz- und mittelfristig leichter tragbar, weil ja noch ein anderes Einkommen da ist. Da ein Zuverdienst-Modell trotzdem nur eine abgeschwächte Form des Familienernährer-Modells ist, schlägt die Sachverständigenkommission im Zweiten Gleichstellungsbericht 2017[106] ein

Erwerbs- und Sorgemodell vor. Dessen gleichstellungsorientierte Gestaltung soll es »allen Menschen unabhängig vom Geschlecht ermöglichen, während ihres Lebensverlaufs Erwerbs- und Sorgearbeit zu verbinden«.

Diese Idee entspricht in etwa dem, was die Autorin Patricia Cammarata in einem Thread auf Twitter schrieb[107]. So wie Väter im Haushalt und bei der Erziehung nicht nur helfen sollen, sollen Mütter beim Geldverdienen nicht nur helfen. Wer als Paar einander Back-up sein will, finde keinen Weg daran vorbei, dass ein Elternteil Erwerbsarbeit reduziere und mehr Sorgearbeit übernehme und der andere umgekehrt. Cammarata weiß indes, dass der Wille allein wegen Lohngefällen nicht reiche, eine zu 80 Prozent arbeitende Krankenschwester könne eben nicht das gleiche Geld verdienen wie ein zu 80 Prozent arbeitender Marketing-Referent. Ihr Lösungsansatz, wie dieses Ungleichgewicht verändert werden könne, liegt außerhalb des im Privaten Beeinflussbaren: »Da ist man bei dem Punkt, dass es eine generelle Aufwertung von bestimmten Berufen geben muss (die geschlechtsspezifisch gewählt werden)«, twitterte sie und schob den Kommentar hinterher: «Wo wir wieder dabei sind, wie verlogen unser Wirtschaftssystem ist, wenn sich aktuell die systemrelevanten Berufsmenschen den Arsch abarbeiten und es mehr als Applaus im März 2020 nicht gibt und gab.«

Bei mir persönlich hat sich abgesehen von den eingangs genannten theoretischen Problemen auch in dieser Angelegenheit eine privilegierte Situation ergeben: In den mittlerweile zehn Jahren, in denen ich mit meiner Frau verheiratet bin, hat sie unterm Strich mehr verdient als ich. Schon deshalb bin ich bisher gar nicht auf die Idee gekommen, mich als Haupternährer der Familie sehen zu müssen. Wir haben uns sogar durch meine Teilzeitstunden bewusst dazu entschieden, dass ich noch weniger verdiene, um dafür mehr Zeit für unsere Kinder zu haben. Wir konnten und können das kurz- bis mittelfristig auffangen. Je älter die Kinder werden, desto größer wird aber auch der Wunsch in mir, mehr Geld zu verdienen. Weil die Kosten steigen, weil der Lebensstandard mindestens gehalten werden will und weil meine Einkünfte nicht reichen, um monatlich viel zu sparen, ob für unsere Rente oder für die Jungs. Ich bin da hin- und hergerissen: So wie Frauen nicht finanziell abhängig von ihren Männern sein sollten, will ich einerseits nicht finanziell abhängig von meiner Frau sein – hätte andererseits aber gleichzeitig kein Problem damit, beruflich noch kürzerzutreten, wenn sie noch mehr arbeiten und verdienen wollte und der Familienalltag noch mehr Anwesenheit meinerseits bräuchte. Dass ich als Journalist finanziell nie so gut aufgestellt sein würde wie zum Beispiel ein Investment-Banker, damit habe ich mich schon vor Jahren abgefunden. Abwägungen müssen trotzdem gerade mit Familie ständig neu getroffen werden – denn da wäre ja noch die Care-Arbeit.

HAUSAUFGABE:

Wie ist der Financial Load bei euch verteilt und warum? Wie zufrieden seid ihr beide damit wirklich?

GENDER CARE GAP

Care-Arbeit ist, um es noch einmal zusammenzufassen, in der Regel unbezahlte Arbeit in Haushalt, Kinderbetreuung, Pflege und sozialem Engagement – die mehrheitlich von Frauen übernommen wird. Hier wird strukturelle Benachteiligung messbar. Im Jahr 2019 lag der durchschnittliche Gender Care Gap bei 52,4 Prozent: So viel mehr Zeit als Männer wendeten Frauen täglich für unbezahlte Care-Arbeit auf, schreibt die Datenjournalistin Frauke Suhr unter Berufung auf Zahlen des Familienministeriums:»Bei 34-Jährigen mit Kindern lag der Gender Care Gap sogar noch höher, bei 110,6 Prozent. In diesem Alter ist die zeitliche Belastung von Karriere und zu betreuenden (Klein-)kindern oftmals besonders hoch. Im Schnitt verwenden 34-jährige Frauen mit Kindern täglich 5,18 Stunden für unbezahlte Care-Arbeit. Bei gleichaltrigen Vätern sind es dagegen nur 2,31 Stunden am Tag.«[108]

Aus hinlänglich beschriebenen Fehlern im System will und will diese Lücke nicht kleiner werden. Sie wird, nicht zuletzt durch die teilweise Retraditionalisierung von Familien als Folge der Corona-Pandemie, sogar größer.[109] Die Nachricht, dass Väter sich zunehmend um ihre eigenen Kinder kümmern und vermehrt immerhin zwei Monate Elternzeit nehmen, ändert nichts an den Strukturen, die wirklichen Wandel behindern. Politik und Wirtschaft müssen die Gleichstellung der Geschlechter durch verschiedene Anreize, Modelle und Gesetze flächendeckender und aktiver fördern, die Gesellschaft muss gleichzeitig überholte Rollenbilder zurücklassen. Sonst bleiben gelungene Initiativen für mehr Gleichberechtigung Ausnahmen, die die Regel bestätigen.

Eine Idee zur Verkleinerung des Gender Care Gaps und übrigens auch des sich damit wechselseitig beeinflussenden Gender Pay Gaps wäre, Care-Arbeit endlich zu bezahlen. Klingt aus konservativer

Sicht abwegig, ist es aber keineswegs. Der *Spiegel* umschrieb ihre wirtschaftliche Notwendigkeit sehr anschaulich: »Sorgearbeit ist ein bisschen wie unverschmutzte Luft oder sauberes Trinkwasser: Firmen und Fabriken brauchen sie, müssen aber nichts dafür bezahlen.« Unter anderem die Veranstalter*innen des 2016 ins Leben gerufenen »Equal Care Day« setzen sich deshalb für Bezahlung von Care-Arbeit ein. Sie wissen, dass dies nicht zu einer sogenannten Frauenfalle führen darf, also einem Argument dafür, dass Mütter dank einer Bezahlung ihrer Care-Arbeit ja nun erst recht zu Hause bleiben sollten. Auch Männern sollen und müssen dadurch Anreize zum Überdenken ihre bisherigen Rollenaufteilung geliefert werden.[110]

So weit wird es aber wohl nie kommen können. Wie logisch und gleichzeitig unstemmbar es erscheint, Care-Arbeit zu bezahlen, wird im zitierten *Spiegel*-Artikel[111] nämlich ebenfalls ausgeführt. Wäre Sorgearbeit entlohnt, heißt es darin, würde sie jährlich weltweit dreimal so viel umsetzen wie der IT-Sektor. Das habe die Hilfsorganisation Oxfam in einem Bericht von 2020 errechnet.[112] In Deutschland wird demnach ungefähr ein Drittel mehr unbezahlte als bezahlte Arbeit geleistet, heißt es in einem Bericht des Statistischen Bundesamts von 2016;[113] selbst bei einer vorsichtigen Schätzung würde ihr Wert rund ein Drittel des Bruttoinlandsprodukts betragen.[114] Journalistin Lou Zucker schreibt im *Spiegel* weiter: »Der Gedanke, Hausarbeit und Kindererziehung zu entlohnen, erscheint allein schon aufgrund dieser Zahlen völlig unvorstellbar. Ähnlich unvorstellbar wäre es jedoch, wenn niemand mehr diese Arbeiten verrichten würde. Wir sind also fundamental darauf angewiesen, dass Menschen sie unbezahlt machen. Und diese Menschen sind immer noch überwiegend Frauen.«

Wenn die Bezahlung von einer so grundlegend systemrelevanten Arbeit wie Care-Arbeit also ein wirtschaftliches unlösbares

Problem darstellt, sollten wir doch mindestens gemeinsam darauf hinarbeiten, dass diese Arbeit nicht länger auf einem Paar Schultern liegen bleibt – und ihre Umverteilung keine Privatsache sein darf, die mit der Neuaufteilung des Mental Loads geregelt wäre.

HAUSAUFGABE:

Für alle Selftracking-Fans: Mit der kostenfreien App WhoCares kann man die unbezahlte Sorgearbeit, die man täglich leistet, erfassen – und dann ausrechnen lassen, wie viel man verdienen würde, wenn diese Arbeit bezahlt wäre. Wenn euch angesichts der Beträge, die hier zusammenkommen, die Ohren schlackern, fragt euch: Auf wessen Konto fehlt dieses Geld?

GENDER PAY GAP

Die gute Nachricht zuerst: Der Gender Pay Gap, also die Lohn- und Gehaltslücke zwischen Männern und Frauen, ist einerseits im Vergleich zu 2019 um einen Prozentpunkt kleiner geworden.[115] Frauen verdienten 2020 durchschnittlich pro Stunde 18 Prozent weniger als Männer. Das ist der sogenannte unbereinigte Gender Pay Gap, der allgemein den Durchschnittsverdienst vergleicht, ohne miteinzurechnen, dass Frauen weniger in Führungspositionen und öfter in schlechter bezahlten Jobs arbeiten. Bereinigt man die Zahl, bleiben sechs Prozent.

Neben dem Gender Pay Gap, der sich immer auf Stundenlöhne bezieht, gibt es aber auch diese Entwicklung bei den Brutto-Monatsgehältern: Das Statistische Bundesamt gab in einer Antwort auf eine Parlamentarische Anfrage der Linkspartei bekannt, dass Frauen zu 70 Prozent – also 12,5 Millionen Frauen auf dem deutschen

Arbeitsmarkt – ein unterdurchschnittliches Gehalt bekommen. Dies führt zu einem durchschnittlichen Mehrverdienst von Männern von 1.192 Euro. Dieses Ungleichgewicht liegt natürlich nicht nur am Gender Bias, sondern auch an sich daraus ergebenden strukturellen Problemen: Solange 80 Prozent der Spitzenverdienenden in Deutschland Männer und 60 Prozent der Geringverdienenden Frauen sind, ergeben sich nicht nur solche Durchschnittszahlen. Sie ändern sich auch kaum, weil zum Beispiel in Spitzenpositionen Männer oftmals Männer einstellen. Weil Frauen durch Geburt ihres Kindes oder ihrer Kinder, Elternzeiten und Care-Arbeit Karriereknicke hinnehmen müssen. Diese Knicke der Partnerin nehmen ihre Männer ihrer eigenen Karriere wegen viel zu oft ebenfalls hin. Gleicher Lohn für gleiche Arbeit bei gleicher Qualifikation sieht anders aus. Es ist ein Teufelskreis: Solange es einen Gender Care Gap gibt, der nach der Familiengründung größer wird, wird es einen Gender Pay Gap geben, und Frauen werden zudem unterdurchschnittlich verdienen. Und solange es einen Gender Pay Gap gibt, werden sich viele Familien ohne die Hilfe von Politik und Wirtschaft nicht aufmachen können, den Gender Care Gap in ihren eigenen vier Wänden zu verkleinern.

FRAUENQUOTE

Die Frauenquote ist wohl eine der meistdebattierten und am häufigsten missverstandenen Instrumente auf dem Weg hin zu mehr Gleichberechtigung. Ihre Gegner*innen – leider nicht nur Typen[116] – argumentieren, dass Posten doch bitte nach Qualifikation statt nach Geschlecht besetzt werden sollten, alles andere sei ungerecht und benachteilige womöglich noch die Männer! Was sie nicht wissen: Die Quote funktioniert bereits so, wie sie das wünschen. Nur bei *gleicher* Qualifikation sollen Unternehmen sich im Zweifel für die Bewerberin statt für den Bewerber entscheiden. Eines Tages sollen Jobs natürlich nur nach Qualifikation vergeben werden. Solange das aber nicht der Fall ist – noch immer werden viel zu oft schlechter qualifizierte Männer eingestellt, weil sie unterm Strich für den Arbeitgeber weniger »Risiko« bedeuten als Frauen, die bald Kinder bekommen könnten oder schon welche haben –, brauchen wir eine Frauenquote.

Damit der Begriff »Quotenfrau« sein Stigma verliert, hat der *Stern* 2020 vierzig prominente Frauen, darunter Spitzenmanagerinnen, Wissenschaftlerinnen, Schauspielerinnen, Politikerinnen und Sportlerinnen, zusammengetrommelt, die selbstbewusst sagen: »Ich bin eine Quotenfrau.«[117] Von Manuela Schwesig über Aminata Touré bis hin zu Carolin Kebekus – sie alle haben in Videos darüber gesprochen, warum sie beruflich dort stehen, wo sie stehen, welche Hindernisse sie zu überwinden hatten und wo sie weiterhin Ungerechtigkeiten sehen. In den Clips geht es um den Gender Pay Gap, toxische Männlichkeiten, patriarchale Strukturen und Geschlechterklischees.

Die mit dieser Aktion unterstützte Gesetzeseinführung, die eine Dreißig-Prozent-Frauenquote in Aufsichtsräten von Unternehmen des Bundes zur Pflicht machte, ist trotzdem nur ein Tropfen auf den heißen Stein: »Sie gilt erst einmal nur für die börsennotierten und paritätisch mitbestimmten Unternehmen, die einen Vorstand haben, der aus mindestens vier Personen besteht. Das sind zurzeit nur 74 Unternehmen, und von diesen haben über 40 bereits eine Frau im Vorstand. Das heißt, das geplante Gesetz betrifft derzeit nur etwa 30 Unternehmen«, rechnet Prof. Dr. Katharina Wrohlich vom Deutschen Institut für Wirtschaftsforschung vor.[118] Bei einer Zahl von rund 44,5 Millionen Erwerbstätigen in Deutschland[119] und einem Frauenanteil von rund 50 Prozent in der deutschen Bevölkerung[120] kann man sich selbst ausrechnen, wie lächerlich gering sich die gesetzliche Mindestbeteiligung auf die arbeitende Gesamtbevölkerung auswirkt. Warum sie trotzdem wichtig ist, weiß Wrohlich auch:»Diese Maßnahme ist ein starkes gleichstellungspolitisches Signal, das das Potenzial hat, den Frauenanteil in der Gruppe der betroffenen Unternehmen nachhaltig zu erhöhen.« Frei nach dem Motto: Zuerst die Sichtbaren da oben, dann die Unsichtbareren darunter. Die sogenannten Learnings aus den Chefetagen könnten zudem wie eine Art Leuchtturmprojekt funktionieren: Wrohlich und ihr Team haben durch qualitative Interviews herausgefunden, inwiefern sich Geschlechterdiversität auf die Arbeit in Aufsichtsräten auswirkt. Demnach habe die Anwesenheit von Frauen einen positiven Effekt auf Diskussionskultur sowie Interaktion und Entscheidungsfindung.»Häufig wurde von beiden Geschlechtern gesagt, dass Frauen besonders investigativ nachfragten, Vorschläge und Entscheidungen des Vorstands stärker hinterfragten und dadurch den Vorstand zwängen, seine Vorhaben besser zu begründen«, berichtet Wrohlich. Sie und ihr Team schlussfolgern daraus,»dass divers zusammengesetzte Aufsichtsgremien eher zu besseren Entscheidungen gelangen als homogene Gruppen«. Ein Fazit, das auch in anderen Unternehmensbereichen relevant sein dürfte und ausreichend Anreize schaffen müsste, eine verbindliche Frauenquote auszuweiten, wie ich finde. Weil kritisches Hinterfragen und das Zurückstellen von Egos schließlich zu mehr Erfolg für alle Beteiligten führt.

Dass es für Frauen in der Arbeitswelt früher schwerer war, ihnen Karriere in einer Männerwelt ohne Quote aber bis heute nicht unbedingt leichter gemacht würde, weiß Prof. Manuela Rousseau. In der ZDF-Doku»Frau Sein« spricht sie offen darüber, dass ihre Geburt 1955 für ihre Mutter eine große Enttäuschung gewesen sei.

Die mit einem Lokführer verheiratete Näherin habe sich einen »Stammhalter« gewünscht, und ihr vier Jahre später geborener Sohn bekam eine bessere Schulbildung als seine Schwester. »Geschafft« hat sie es allen Umständen und widrigen Voraussetzungen zum Trotz: Rousseau ist seit 2019 stellvertretende Aufsichtsrätin bei der Beiersdorf AG. Eine Quotenfrau ist sie nicht, sagt sie, weil es vor 21 Jahren, als sie Teil des Aufsichtsrats wurde, dieses Thema noch gar nicht gegeben habe. Sie wolle sich nicht, wie wohl niemand, auf diese Rolle reduzieren lassen. Eine Fürsprecherin der Frauenquote ist sie mittlerweile trotzdem – aus ganz pragmatischen Gründen: »Der Aufsichtsrat hat 2015 die 30-Prozent-Quote eingeführt. Fünf Jahre später ist sie leicht überschritten. Das heißt: Sie hat gewirkt.«

Wir lernen, was wir schon gelernt haben: In einer perfekten Welt, in der alle gleichgestellt sind, bräuchten wir keine Frauenquote. Solange wir dort noch nicht angekommen sind, ist sie notwendig.

ELTERN-ANTIDISKRIMINIERUNGSGESETZ

Im August 2021 postete die Autorin Mareike Fallwickl unter ihrem Userinnennamen @buecherwurmloch auf Twitter einen beeindruckenden Thread.[121] Er begann so:

»Freundin 1 ist Pharmazeutin mit jahrelanger Ausbildung und Erfahrung und bekam jetzt, nach der Elternzeit mit dem zweiten Kind, von ihrer Chefin zu hören: ›Ich mag hier keine Mütter haben. Ich werfe Sie sofort nach der Kündigungsfrist raus.‹ Sie arbeitet da also seit gestern für zwei Monate in dem Wissen, dass sie danach etwas Neues suchen und alles umorganisieren muss.«

Fallwickl führte fünf weitere, ganz ähnliche Beispiele von anderen Freundinnen an und kommentierte:»Ich habe keine einzige Freundin, die als Mutter nicht diskriminiert wurde. Keine, die nach den Geburten wieder eingestellt wurde – nicht eine. Wie diese Gesellschaft mit Müttern umgeht, ist unter aller Sau. Und ich bin wütend.« Weil niemand verstehe, dass diese strukturelle Diskriminierung allen schade. Auch den Kindern und den Vätern und nicht zuletzt der Wirtschaft, weil die Arbeitskraft der Frauen nicht geachtet, geschätzt und genutzt werde. Zum Abschluss holt sie auch die Väter mit ins Boot. Die Männer, die ihre Jobs nicht verlieren, weil sie keine Gebärmutter hätten, kletterten munter die Karriereleiter weiter hoch. Sie hätten aber umgekehrt kein Recht auf Zeit mit ihren Kindern.»Ein werdender Vater hat einmal zu mir gesagt: ›Ich habe meinen Chef gefragt, ob ich in Elternzeit gehen kann. Der hat geantwortet: kannst du schon machen, aber zurückkommen brauchst du dann nicht mehr.‹ Und ich habe nur gedacht: WILL-KOMMEN IN DER WELT VON FRAUEN!«

Fallwickls Fazit: Wird die Frau vom Arbeitsleben ausgeschlossen, muss der Mann das Geld verdienen. So ändere sich nichts an der Ungleichberechtigung. Wir alle würden dadurch viel verlieren: soziale Gerechtigkeit, gesunde Familienverhältnisse, den Input von Frauen in der Arbeitswelt.

Die Beispiele und Fallwickls Einschätzung zeigen: Sie sind keine Einzelfälle. Frauen, besonders aber Mütter, werden strukturell im Berufsleben aufs Übelste diskriminiert. Das darf nicht länger passieren, die Folgen einer solchen Diskriminierung sollten nicht länger die Opfer, sondern die Täter*innen zu spüren kriegen. Auch Männer, die Väter werden oder sind und ihre Frau mit Kind nicht allein lassen wollen, werden benachteiligt, wenngleich längst nicht so strukturell (weil solche Arbeitnehmer ja leider noch nicht die Regel sind). Beispiele gefällig?

»Als mein Mann seiner Chefin mitteilte, dass er nach der Geburt direkt Elternzeit nehmen möchte, erwiderte sie (O-Ton): ›Und was willst du da machen? Deiner Frau die Titten halten beim Stillen?‹«

»Meinem Mann wurde die Kürzung der Stunden zunächst versagt, schließlich habe man sich ja bewusst aus den vielen weiblichen Bewerbern für einen Mann entschieden. Nun wird ihm die Arbeit so unattraktiv wie möglich gemacht, damit er selber die Firma verlässt.«

Dies wiederum sind nur zwei von vielen Zitaten von Betroffenen, die die Initiative #ProParents auf ihrer Instagram-Seite teilt. Ins Leben gerufen wurde sie im Frühjahr 2021 von der Anwältin Sandra Runge und der Kommunikationsberaterin Karline Wenzel. Ihr Ziel ist, Elternschaft als Diskriminierungsmerkmal ins Allgemeine Gleichstellungsgesetz (AGG) mit aufnehmen zu lassen, damit Erfahrungen wie die geteilten nicht länger oder nur noch mit Konsequenzen für die Arbeitgeber*innen passieren. In dem Gesetz heißt es bisher lediglich:»Ziel ist, Benachteiligungen aus Gründen der Rasse oder wegen der ethnischen Herkunft, des Geschlechts, der Religion oder Weltanschauung, einer Behinderung, des Alters oder der sexuellen Identität zu verhindern oder zu beseitigen.«[122]

Das Primärziel der Petition, 50.000 Unterschriften zu sammeln, wurde im Juni 2021 erreicht. Der Petitionsausschuss des Deutschen Bundestags muss sich nun damit beschäftigen. Gehört wurden Runge und Wenzel bereits: Ende Juni führten sie gemeinsam mit den Chefredakteurinnen der Magazine *Brigitte* und *Eltern* ein einstündiges Hintergrundgespräch mit der damaligen Familien- und Justizministerin Christine Lambrecht. Die, so teilten die #ProParents-Gründerinnen auf Instagram mit,[123] habe sich offen für ihre Forderung Elternschaft als Diskriminierungsmerkmal in das AGG aufzunehmen gezeigt.

Dass Eltern im Job diskriminiert werden, dürfte schon nach Lektüre der beispielhaften Zitate keine Frage sein. Aber es gibt eben auch Menschen, die ganz anders oder mehrfach diskriminiert werden und sich dadurch zurückgestellt fühlen könnten. Wenn Elternschaft als Diskriminierungsmerkmal ins AGG aufgenommen würde, würde sie Diskriminierung wegen zum Beispiel Religion oder ethnischer Herkunft nicht verharmlosen? Die Macherinnen der Initiative sehen diese Gefahr nicht:»Mit einem zusätzlichen Diskriminierungsmerkmal nehmen wir anderen Diskriminierungsmerkmalen nichts weg – ganz im Gegenteil, vor dem Hintergrund der Thematik intersektionaler Diskriminierung werden die Rechte dieser Personen durch die Aufnahme eines weiteren Diskriminierungsmerkmals gestärkt.«[124]

Wie geht es nach Übergabe der 50.000 Unterschriften an das Bundesministerium für Familie, Senioren, Frauen und Jugend weiter? Im Interview mit dem Familienblog LittleYears.de erklärte Runge:[125]»Neben dem Ziel, das Thema verstärkt an die Öffentlichkeit zu bringen – was wir inzwischen geschafft haben, soll das Thema Elterndiskriminierung natürlich auf der politischen Agenda stehen und dann idealerweise in Wahlkampfprogrammen und Koalitionsverträgen stehen, damit eine Gesetzesänderung realistisch ist.«

Der Ball liegt nun einmal mehr, wie so oft, bei der Politik. Ob und inwiefern Elternschaft als Diskriminierungsmerkmal ins AGG aufgenommen wird, bleibt abzuwarten. Fest steht in jedem Fall: Einzelfälle sind die angeführten Beispiele keineswegs. Studien gab es bislang nicht dazu, immerhin dies soll sich bald ändern. Im November 2021 erklärte Sandra Runge auf Instagram, dass im Jahr 2022 Zahlen von der Antidiskriminierungsstelle des Bundes (ADS) zu erwarten seien – vielleicht gibt das ja einen weiteren Anstoß, zu handeln.

Wurdest auch du als Mutter oder Vater bereits diskriminiert?
Was hast du dagegen getan? Mit wem konntest du deine Erfahrungen teilen – oder würdest es gern tun?

BEDINGUNGSLOSES GRUNDEINKOMMEN

Als ich begann, mich zum Thema bedingungsloses Grundeinkommen im Internet umzuschauen, entdeckte ich ein beeindrucken-
des Video des World Economic Forum, in dem ein Experiment und
dessen Folgen aufgezeigt wurden: Die kalifornische Großstadt
Stockton (307.000 Einwohner*innen) zahlte 125 Bürger*innen über
ein Jahr hinweg 500 US-Dollar pro Monat – ohne Bedingungen wie
etwa einer Arbeitspflicht.[126] Man beobachtete das Verhalten der
Empfänger*innen dieses bedingungslosen Grundeinkommens –
mit nur auf den ersten Blick verblüffenden Ergebnissen: Nach zwölf
Monaten schoss die Vollzeitarbeitsquote um zwölf Prozent nach
oben. Die Teilnehmer*innen arbeiteten in dieser Zeit mehr als vorher, nicht weniger. Sie berichteten von selteneren Angst- und De-
pressionsgefühlen. Sie verbrachten mehr Qualitätszeit mit ihren
Kindern. Einige unterstützten bedürftige Familienmitglieder bei
der Anschaffung von Medizin und Pflegeprodukten. Andere nahmen sich Zeit für Bildung. Das Geld verbesserte ihre sozialen Beziehungen, weil Menschen zum Beispiel wieder mal auswärts essen gehen konnten.

Die Absicht dieses Projekts war: Man wollte zeigen, dass Armut
eine Folge fehlenden Geldes ist, nicht fehlenden Charakters. Die
Zahlungen hätten dazu geführt, dass Menschen sich wieder Ziele
setzen, Entscheidungen treffen und Risiken eingehen konnten.

Dabei hätten sich Karrieremöglichkeiten ergeben. Da das Forschungsprojekt 2019 durchgeführt wurde, konnten eventuelle Auswirkungen der Corona-Pandemie nicht einbezogen werden. Stockton ist aber nicht der erste Ort auf dieser Welt, in dem mit bedingungslosem Grundeinkommen experimentiert wurde: 2017 etwa zahlte Finnland 2.000 arbeitslosen Bürger*innen 560 Euro pro Monat. Nach zwei Jahren berichteten die Empfänger*innen, dass sie glücklicher, gesünder und selbstbewusster als vor Beginn der Zahlungen seien. Wir lernen: Geld macht also durchaus glücklich. Zumindest die Menschen, die vorher zu wenig davon oder gerade genug zum Klarkommen hatten. Gar nicht auszumalen, wie viel weniger schlecht es Menschen aus Kunst, Kultur, Pflege und anderen prekären Berufen gegangen wäre, hätten sie spätestens seit Beginn der Pandemie ein bedingungsloses Grundkommen erhalten.

Inwiefern sich ein Land ein bedingungsloses Grundeinkommen für alle Bürger*innen leisten kann, vermag ich nicht ansatzweise zu beantworten. Zum Glück gibt es Volkswirtschaftler*innen und Journalist*innen, die so was beruflich durchrechnen. Die verschiedenen existierenden und diskutierten Modelle[127] sowie deren Unterstützer*innen legen nahe: Eine Finanzierung ist schwierig, aber machbar. Eine eines Tages denkbare Umsetzung dürfte eher daran scheitern, dass ihre Folgen nur bedingt skalierbar sind: Durch den Wegfall anderer Sozialhilfen könnte die soziale Ungleichheit in Deutschland sogar größer anstatt kleiner werden. Auch, so befürchten Kritiker*innen, könne Deutschland zu einem Wohlfahrtsstaat verkommen, der Nichtstun fördert. Ich kann das Gegenteil nicht beweisen, glaube aber: Da unterschätzt jemand das kreative Potenzial der Mehrheit seiner Bürger*innen, ihren Wunsch nach erfüllender Arbeit und sozialer Teilhabe gewaltig. Schaut doch nur nach Stockton und Finnland.

GENDER PLAY GAP

Habt ihr noch nie von gehört? Keine Sorge: Den Begriff Gender Play Gap gibt es eigentlich gar nicht. Ich habe ihn eines Tages als Hashtag erfunden, um einem Problem einen Namen zu geben, das so alt ist wie die binären Geschlechterrollen selbst und mich maßlos, andere aber noch maßloser aufregt: die an Kinder herangetragene Erwartungshaltung, dass Jungs so und Mädchen so zu spielen und zu sein haben.

Es fängt bei Kleidung und Frisuren an, geht über Spielsachen und Farben bis hin zu Verhaltensweisen und Hobbys: Würde ich Beispiele nennen wollen, wüsste ich gar nicht, wo ich anfangen soll. Wie sollen wir unseren Kindern jemals beibringen, dass Menschen jeden Geschlechts alles dürfen, wollen und anstreben sollen – wenn zur gleichen Zeit in Kinderbüchern keine Feuerwehrfrauen zu sehen sind? Wenn Jungs Fußbälle und Autos und Mädchen Puppen geschenkt kriegen? Wenn sogar Überraschungseier nicht mehr nur als Unisex-Version verkauft werden? Und wenn im Garten der Nachbarn eine rosafarbene Gießkanne mit dem Aufdruck »Manche Frauen brauchen keine Handtasche« steht, während im Getränkemarkt eingepackte Bierdosen als »Männerhandtasche« beworben werden?

Da können wir im heimischen Berlin-Kreuzberg noch so liberal sein: Wenn selbst hier unser fünfjähriger Sohn wegen seiner langen blonden Haare andauernd für ein Mädchen gehalten wird und Menschen ihm das frei raus ins Gesicht sagen, stoßen wir als Eltern mit unseren erzieherischen Gleichberechtigungsversuchen an Grenzen. Wie konservativ muss es in anderen Regionen zugehen? Ein Wunder, dass der Kleine bisher stets locker darauf reagierte und noch nicht, wie die meisten anderen Jungs in seinem Alter, einen Kurzhaarschnitt bevorzugt. Die »Jungs sind so, Mädchen so«-Stereotypen sind schon so lange so fest in unserer Gesellschaft verwurzelt, dass sie sie als Ganzes zum Stillstand auf dem Weg hin zu mehr Gleichberechtigung beeinflussen: Wenn Kinder von klein auf lernen, dass Männer das starke Geschlecht seien, dass Frauen die Hausarbeit machen und sich um alles kümmern, dass Väter in Vollzeit arbeiten gehen, dass Mädchen sich nicht schmutzig machen sollen – wie sollen sie es später selbst jemals anders leben und weitergeben?

Das Problem ist groß, erste Schritte zur Veränderung klein: Bei uns zu Hause zum Beispiel versuchen wir den Kindern gegenüber das Femininum immer mitzusprechen, also von Ärztinnen und Ärzten und Kassiererinnen und Kassierern zu reden. Sie haben das wie selbstverständlich übernommen. Ich koche schlecht, meine Frau nicht, wir beide sind in dieser Hinsicht aber faul, untalentiert und unmotiviert. Wenn die Kinder Hunger haben, fragen sie trotzdem oft mich, was es heute gibt, weil ich öfter derjenige bin, der Essen hinstellt. Wenn sie toben wollen, fragen sie dafür öfter ihre Mutter als mich. Und als unser damals Vierjähriger gefragt wurde, wer ihn nach dem Kinderladen abholt und zu einem Freund bringt, antwortete er sternenklar: »Na Papa!« Ich sage das nicht, um mir auf die Schulter zu klopfen. Ich will bloß illustrieren: Es sind die kleinen Dinge, die einen Unterschied machen können.

Wir sind zum Glück nicht die Einzigen, die das generische Maskulinum und Jungs- und Mädchenklischees nerven. Bereits 2014 und damit sechs Jahre vor ihrem Werk »Equal Care. Über Fürsorge und Gesellschaft« haben Almut Schnerring und Sascha Verlan ein Buch namens *Die Rosa-Hellblau-Falle* veröffentlicht.[128] Sie regen sich darin nicht nur über Prinzessinnen und Monster auf, sondern sind den Klischees auch journalistisch auf den Grund gegangen. Sie haben mit Fachleuten über gendersensible Pädagogik in Kindertagesstätten, über pinkfarbenes Spielzeug und sexualisierte Werbung, über Gender Studies und Sprachanalyse sowie über Individualität gesprochen. Ihre Forderung lautet: »Lasst doch die Kinder in Ruhe, die komplizierten Regeln des Erwachsenenlebens kommen früh genug – Einwände, das Thema in den ersten Jahren noch ruhen zu lassen, gibt es genug. Doch wer geschlechterstereotypen Vorstellungen nichts entgegenzusetzen hat, bringt sie zwangsläufig immer wieder neu hervor. Diesen Kreislauf gilt es im Interesse unserer Kinder zu durchbrechen. Denn am Ende des Tages lässt sich alles auf einzelne Ereignisse zurückführen, in denen wir und andere Menschen Entscheidungen treffen, Aussagen machen und handeln.«[129] Manchmal, so sagen sie, genüge es, den Blickwinkel ein klein wenig zu verschieben.

HAUSAUFGABE:
Wie sind deine Beobachtungen zum Gender Play Gap in deiner Familie und in deiner Umgebung? Wie gehst du bei deinen Kindern damit um?

Nachgefragt:
Die Marginalisierten

Schon im Vorwort dieses Buches sprach ich eine Warnung und Erkenntnis aus: Die hier diskutierten Themen, auch die Modelle für mehr Vereinbarkeit und die Auflösung von Rollen- und Geschlechterklischees, betreffen in erster Linie privilegierte Paare. Akademiker*innen. Besserverdienende. (Potenzielle) Doppelverdiener. Strukturell im besten Fall nur einfach, nicht mehrfach Diskriminierte.

Der Journalist und Autor Birk Grüling machte im Mai 2021 auf Instagram Werbung für sein im Kösel-Verlag erschienenes Buch *Eltern als Team*.[130] Er schrieb in einem Post über seine väterliche Verantwortung, wunderte sich, warum die ihm oft gestellte »Warum lohnt es sich, ein engagierter Vater zu sein?« Müttern nie gestellt würde und schlussfolgerte, dass die richtige Frage lauten müsste: »Warum bist du kein präsenter und aktiver Vater, warum drückst du dich vor der Verantwortung?«[131]

Einer seiner männlichen Follower kommentierte: »Ist eine gute Frage. Ich als Papa versuche mich jeden Tag ein bisschen mehr einzubringen. (…) Ich arbeite 40 h, habe nicht studiert, bin systemrelevant. Es ist immer einfach zu sagen, Warum bringst du dich nicht mehr ein wenn viele Papas aufgrund von Pay Gap o.Ä. hart ackern müssen und somit die Zeit fehlt. Die Frage ist bei wirklich gut verdienenden Papas absolut richtig, mir fehlt da aber die Weitsicht und der Realismus in Hinblick auf uns Arbeiter der Mittel- und Unterschicht.« Er befand, dass nicht alle Väter das Glück hätten, von zu Hause zu arbeiten und auch noch ihre Kinder betreuen zu können.

Hier kommen wir in der Diskussion an einen wunden Punkt: Natürlich sollen Privilegierte ihre Privilegien erkennen und sich für Marginalisierte einsetzen. Direkt für sie sprechen können sie aber nicht. Eine Person, die in mehrfacher Hinsicht marginalisiert ist und darüber redet, ist Jasmin Dickerson. Auf Instagram ist sie als @darshanawyhnot unterwegs, in ihrer dortigen Biografie beschreibt sie sich als afrodeutsche ADHS-Autistin und alleinerziehende, pflegende Mutter in Partnerschaft. Ihre dreijährige Tochter hat eine Spontanmutation namens Pitt Hopkins Syndrom, zu deren Symptomen geistige Behinderung, Epilepsie und Atemregulationsstörungen gehören. Als relativ privilegiert sieht sie sich trotzdem, wegen ihres bildungsbürgerlichen Backgrounds, ihrer Followerschaft, helfenden Personen im Umfeld und nur überschaubarer finanzieller Probleme. Dickerson ist 35. Wegen der Trennung vom drogenabhängigen Vater ihrer Tochter, gestiegenen Mietpreisen, Insolvenz des Start-ups, bei dem sie arbeitete und mehr Nähe zu ihrer Mutter ist sie nach 14 Jahren in Berlin in ihre Heimatstadt Saarbrücken zurückgezogen. Dort arbeitet sie nun in Teilzeit bei einem Modellprojekt für Nicht-Diskriminierung im Bereich Öffentlichkeits- und Pressearbeit. Im Frühjahr 2021 launchte sie als Co-Gründerin das Online-Magazin *Eigenes Zimmer Mag*, außerdem führt sie neben anderen Autorinnen Mareice Kaisers Blog *Kaiserinnenreich* fort. Sie gehörte auch zu den wichtigen Stimmen, die Timing und Themen meines Instagram-Takeovers beim *Eltern*-Magazin im Frühjahr 2020 sowie meinen damaligen Umgang mit Kritik kritisierten. Dickerson versteht sich als intersektionale

Feministin – ich befürchtete also vor unserem Gespräch, dass einer Frau wie ihr Themen wie mehr Elternzeit für Väter, Teilzeitregelungen und Doppelverdiener-Diskussionen wie leidliche First-World-Probleme vorkommen müssen. »Ja, ich habe tatsächlich ganz andere Probleme. Ich finde es schön und wichtig, dass auf Väter geachtet wird. Dass sie in Teilzeit gehen können und nicht belächelt werden, wenn sie für sechs oder zwölf Monate in Elternzeit gehen«, antwortet sie im Zoom-Interview auf meine Einstiegsfrage. »Meine Themen sind das aber nicht.« Was Dickerson stellvertretend für andere Alleinerziehende braucht, ist zum Beispiel »Entlastung für Alleinerziehende. So was wie Ehegattensplitting für Alleinerziehende. Unterstützung bei der Betreuung. Noch flexiblere Arbeitszeiten.« Als mehrfach intersektional Marginalisierte möchte und kann sie ihre Probleme nicht gegeneinander aufwiegen, als Schwarze behinderte Frau etwa ist sie anders benachteiligt als »nur« als Schwarze Frau. Die mangelnden Betreuungsmöglichkeiten wiegen für sie als pflegende Mutter jedoch am schwersten. »Ich werde nicht jeden Tag vom Ku-Klux-Klan verfolgt oder höre mir behindertenfeindliche Sprüche an, obwohl die trotzdem öfter kommen«, sagt sie, »ich werde strukturell diskriminiert.« Ihr alltäglich größtes Problem ist fehlende Zeit, Hilfe und Flexibilität. Kurzzeitpflege für Kinder etwa gebe es nicht, ihre Mehrbelastung wird wie die von vielen anderen Menschen zu wenig gesehen: »Alle alleinerziehenden und pflegenden Mütter und Väter haben viel größere Probleme, Vereinbarkeit von Familie und Job unter einen Hut zu bringen. Weil sie meistens gar keinen Job haben.«

Petitionen wie die zur Aufnahme von elterlicher Diskriminierung ins Allgemeine Gleichbehandlungsgesetz[132] unterstützt Dickerson einerseits. Andererseits weiß sie aus eigener Erfahrung: Alleinerziehende werden stärker, länger und schwerwiegender diskriminiert als »gewöhnliche« Eltern. Dazu komme die Diskrepanz zwischen

Männern und Frauen.»Klar«, sagt sie,»Väter werden diskriminiert, wenn sie in die Versorgerebene reingedrückt werden. Aber Mütter landen gleich auf dem beruflichen Abstellgleis und kommen da gar nicht mehr weiter.« Dickerson wünscht sich, dass zuerst auf weniger privilegierte Menschen geschaut würde. Das nütze auch den Privilegierten, die unter Problemen leiden, frei nach dem Motto:»Nicht ›erst der, dann du‹, sondern ›erst mal der und dadurch du‹.«

Zum Abschluss unseres Gesprächs frage ich Dickerson: Was wünscht sich eine mehrfach Marginalisierte, pflegende Alleinerziehende, bei welcher der Vater ihrer Tochter aus ganz anderen Gründen als Vollzeitarbeit abwesend ist, von Männern im Allgemeinen und Vätern im Speziellen? Ihre Antwort ähnelt einigen Kommentaren, die ich auch bei meinem Instagram-Takeover las: »Einfach mal die Klappe halten. Zuhören. Das tun, was du gerade machst. Sich selber nicht so wichtig nehmen. Ihr seid nicht die besten und tollsten Feministen, weil ihr erkannt habt, dass man auch mal länger Elternzeit nehmen könnte. Nur weil Väter Dinge machen, die nicht jeder Vater macht, sollen sie sich nicht dafür feiern lassen wollen«. Heißt das auch, das ihrer Meinung nach Männer gar nicht über Gleichberechtigung sprechen sollten? Dickerson relativiert:»Im Gegenteil, unbedingt. Eben weil ihr die Privilegierteren seid! Ihr sitzt am Ende eher in der Chefetage. Ihr guckt am Ende, wer benachteiligt wird und wer nicht.« Sie wünscht sich in den Chefetagen, in der Politik und im Privaten mehr Dialog.»Sprecht auch mit euren Kumpels darüber. Fragt: ›Warum weißt du nicht, wie man eine Windel wechselt?‹ Bleibt nicht nur in der eigenen Bubble. So könnt ihr viel Arbeit leisten.«

Schlussendlich aber sei Handeln entscheidender als Reden – der Mental Load etwa solle einfach mal übernommen werden, findet Dickerson und illustriert die noch immer existierende Schieflage mit einem lustigen Beispiel: Mit ADHS und Autismus kriege sie viele Sachen nicht gut hin. Aber auch abgesehen davon sei sie nicht die geborene Hausfrau, im Gegenteil: «Ich bin eine schreckliche Hausfrau. ich vergesse alles. Sogar meinem Kind Sonnencreme zu kaufen. Das passiert nicht nur Vätern. Aber Mütter werden dafür ganz anders beurteilt. Ich möchte als Frau auch jemand sein, der sagt: ›Och, da hat die Mama vergessen dir Sonnencreme zu kaufen, naja! Oh, was braucht sie denn für Schuhe, welche Größe, weiß ich gar nicht!‹«

Was Jasmin vielen Menschen voraushat: Sie hat wenigstens einen Instagram-Account, eine gehörte Stimme und eine Erkenntnis über Ungerechtigkeiten. Andere haben dies nicht. Die wirklich Ungehörten. Was rät Dickerson solchen Betroffenen, die kein Internet, keine Zeit oder einen Mann zu Hause haben, der sie schon für die Bitte, mal den Müll runterzubringen, verprügeln würde? »Ich rate ihnen gar nichts, weil sie sich in der Regel nicht selbst helfen können. Das System unterdrückt sie. Die Politik muss genau diese Frauen und Menschen mitdenken, weil weder wir sie daraus reißen können noch sie sich selbst. Die Gesellschaft darf nicht immer nur die Menschen sehen, die sich sichtbar genug machen können. Sie muss die mitdenken, die versteckt sind.«

HAUSAUFGABE
Kennst du mehrfach Marginalisierte oder diskriminierte Menschen? Wie solidarisierst du dich mit ihnen? Und wenn du selbst betroffen bist: Was wünschst du dir von deinem Umfeld und wie kommunizierst du diese Wünsche?

Was erwarten Frauen von Männern?

Zum Ende dieses Buches möchte ich unbedingt noch Mareice Kaiser und Jutta Allmendinger zu Wort kommen lassen. Beide formulieren auf ihre Weise prägnant, was sich auf dem Weg hin zu mehr Gleichberechtigung ändern muss: in der Gesellschaft, Politik, Arbeitswelt – und in den Familien, bei Vätern wie Müttern. Mareices Arbeit verfolge ich schon lange. 2014 gründete die Journalistin ihr Blog *Kaiserinnenreich* und schrieb darauf über Elternschaft, Muttersein, Vereinbarkeit und Inklusion. 2016 erschien auf dessen Grundlage ihr Buch *Alles inklusive*,[133] seit März 2020 ist sie Chefredakteurin des feministischen Onlinemagazins *Edition F*. Im Vorfeld der Veröffentlichung ihres Buches *Das Unwohlsein der modernen Mutter* schickte ich ihr ein paar Fragen.

Dein Buch heißt *Das Unwohlsein der modernen Mutter*. Wo und inwiefern tragen Väter zu diesem Unwohlsein bei, Mareice?

In heterosexuellen Beziehungen fünfzig Prozent. (lacht) An einer Beziehung sind ja mindestens zwei Menschen beteiligt, und natürlich liegt es an beiden, miteinander ins Gespräch zu gehen und sich zu überlegen, wer was machen will und wie ein gemeinsames Leben aussehen soll – am besten, bevor Kinder dazukommen. Genauso wichtig ist die Gesellschaft, in der die

Beziehung gelebt wird, die Politik, die diese Beziehung möglich oder unmöglich macht. Das muss immer zusammen gedacht werden.

Moderne Mütter müssten ja, falls nicht zum Beispiel alleinerziehend, auch moderne Väter an ihrer Seite haben. Modern heißt demnach offensichtlich nicht gleichzeitig gleichberechtigter?

Modern bedeutet in meinem Buch und meinen sonstigen Publikationen vor allem das Versprechen, das in moderner Mutterschaft steckt: You can have it all (Kind, Job, Selbstverwirklichung). Das kann aktuell aber nicht klappen, Scheitern ist programmiert – und damit auch das Unwohlsein.

Wie können selbst moderne Väter und Partner für mehr »Wohlsein« sorgen? Sie tun doch vermeintlich schon so viel.

Das geht nur, wenn sie sehr privilegiert sind. Je marginalisierter, desto mehr sind Eltern auf die politischen Rahmenbedingungen angewiesen. Und das ist auch der Grund, warum wir dafür streiten müssen. Und das ist auch der Grund, warum ich nicht über private »Lösungen« für strukturelle Probleme sprechen möchte. Damit ist nur privilegierten Eltern geholfen.

Was können Väter tun, um nicht nur Mütter zu entlasten, sondern um einen Wandel voranzutreiben?

Nicht quatschen, sondern machen. Verantwortung übernehmen. Auch die, die nach Scheiße stinkt oder nach vermeintlichem Uncoolsein.

Was hätten selbst die egoistischsten Männer davon?

Das ist die falsche Frage. Es geht hier um Menschenrechte, darum, ein selbstbestimmtes Leben zu führen. Das darf nicht abhängig sein vom Geschlecht.

Das Argument, dass Väter keine Rollenvorbilder hätten und deshalb die veraltete Rolle des Ernährers erfüllen würden, lässt sie nicht gelten: Es gebe doch Tausende Mütter, an deren Care-Arbeit sie sich orientieren und Dinge abgucken könnten, schreibt sie. Auch Geschlechter spielen in puncto Gleichberechtigung keine Rolle, findet sie, weil die existierenden Probleme alle Elternteile und Menschen beträfen, bei Müttern lediglich ein paar Probleme hinzukämen. Ich finde: Die Realität sieht leider anders aus. Männer haben wegen ihrer Sozialisation durchaus auch andere Probleme als Frauen. Und leider gibt es noch immer viel zu viele Männer, die auf (ihre) Frauen nicht hören, auf andere Kerle aber durchaus.

Man kann nicht über Geschlechtergerechtigkeit in Deutschland sprechen, ohne Prof. Jutta Allmendinger zu erwähnen. Seit Jahren forscht, spricht und lehrt die Soziologin über die Ungleichheit der Geschlechter. 2020 hat sie ein vergleichsweise persönliches Buch darüber geschrieben. In *Es geht nur gemeinsam!*[134] zeichnet sie einerseits ein durch die Retraditionalisierungs-Rückschläge der Corona-Pandemie bestimmtes düsteres Bild über die Rollenverteilung von Frauen und Männern in Deutschland. Andererseits zeigt sie Perspektiven auf, wie Geschlechtergerechtigkeit doch gelingen kann.

Im *Deutschlandfunk* hieß es im Januar 2021[135]: »In einer geschlechtergerechten Gesellschaft, in der Frauen und Männer sich privat und beruflich verwirklichen und beide im Alter eine angemessene Rente beziehen können, müssten Männer viel mehr Familienarbeit leisten.« Allmendinger kommentiert: »Tatsächlich haben sich Männer über die letzten Jahrzehnte aber kaum bewegt. Ihre Erwerbsquoten sind unverändert hoch, ihre Teilzeitquoten äußerst niedrig.«

Damit care-arbeitende Frauen im Homeoffice nicht noch unsichtbarer werden, als sie es in unserer Gesellschaft auch ohne Pandemie sind, sie nicht in alte Rollenmuster zurückgedrängt werden und die Politik nicht ausreichend Druck verspürt, eine verlässliche öffentliche Kinderbetreuung aufzubauen, wünscht Allmendinger sich »eine Welt, in der Männer und Frauen die Aufgaben gerecht verteilen«. Sie sagt: «Der aus meiner Sicht bessere Weg besteht darin, dass Männer ihre Erwerbsarbeit reduzieren und damit endlich einen aktiven Schritt auf die Frauen zu machen. Ziel ist eine etwa 32-Stunden-Woche für alle, berechnet als Schnitt über den gesamten Lebensverlauf, mit Phasen niedrigerer oder höherer Arbeitszeit.« Ihr Fazit: Politik, Frauen und Männer sind gleichsam gefragt. Weil es eben nur gemeinsam geht.

In einem späteren Interview mit dem Freiburger Stadtmagazin *Chilli* führte Allmendinger aus,[136] inwiefern Männer im Speziellen gefragt seien. Auf die Frage, warum ihr Buch nicht provokanter »Männer, bewegt euch endlich!« heiße oder dies einfordere, antwortete sie: »Nachdem sich Frauen an männliche Lebensverläufe mehr und mehr herangerobbt haben, müssen wir nun eine grundsätzliche Frage stellen. Wie kann man sich ein Leben vorstellen, das bezahlte und unbezahlte Arbeit gleichmäßig auf Männer und Frauen verteilt und gleichzeitig Engagement und Raum für persönliche Weiterentwicklung und Zeit miteinander lässt? Hier komme ich zu dem Ergebnis, dass eine Vollzeit für alle nicht das Ziel sein kann. Erstrebenswert ist eine 32-Stunden-Woche für Männer und Frauen, sodass Männer mit ihrer Arbeitszeit etwas herunter und Frauen etwas nach oben gehen. Es geht um Gemeinsamkeit, ein neues, ausgeglichenes Arbeitszeitmodell. Dieses würde endlich ihrem Wunsch nach Erwerbstätigkeit entsprechen.« Kurzum: Frauen wollen arbeiten, Männer wollen arbeiten, beide wollen oder sollten wollen, dass auch der Partner oder die Partnerin arbeitet, alle wollen mehr Zeit für ihre Familie haben – und nur mit gegenseitiger Annäherung anstatt mit einseitigen Forderungen oder gar Anschuldigungen kommen wir diesem Ziel näher.

HAUSAUFGABE:

Formuliert als Elternteile auf Grundlage des bis hierher Gelesenen eure eigenen Erwartungen aneinander. Wie lauten die? Was erschien bislang selbstverständlich, ist es aber nicht? Wie helft ihr euch gegenseitig am besten?

WIEDER
ZU HAUSE

21 Uhr, die Kinder schlafen. Ich sitze mit meiner Frau auf der Couch und erzähle ihr vom Gespräch mit meinem Vater, das ich im Kapitel »New Work, Old Jobs« wiedergegeben habe. Von den Problemen, die er als Geschäftsführer eines Handwerksbetriebes mit Elternzeiten seiner Mitarbeiter hat, von möglichen Lösungsansätzen und von der Anekdote, dass er, der von morgens bis abends im Büro seiner Firma sitzt oder auf der Baustelle steht, 37,5 Wochenstunden für wenig Arbeit hält.

Sie beschreibt daraufhin eine Utopie, die keine sein sollte. Wenn man Frauen ihre Schwangerschaft nicht irgendwann ansehen würde, würden sie es vermeiden, frühzeitig davon auf der Arbeit zu berichten. Die Angst vor einer wie auch immer begründeten plötzlichen Kündigung ist extrem hoch, sodass Frauen gezwungen sind, zu einem gesetzlichen Schutz zu greifen – dem Kündigungsschutz bei Schwangerschaft. Meine Frau ist sich sicher: Sonst würden viele Vorgesetzte Wege finden, die schwangere Arbeitnehmerin zu degradieren oder loszuwerden. Um bloß kein Risiko eingehen zu müssen, monate- oder gar jahrelang auf eine Arbeitnehmerin zu verzichten. »Warum ist das nicht bei Männern so? Warum können die im Büro jederzeit frei rausposaunen, dass sie Vater werden, ohne in der Regel Angst um ihren Job oder vor Diskriminierung zu haben? Die Antwort ist leider einfach: Weil Väter in der Regel noch immer zwei Wochen, spätestens zwei Monate nach der Geburt wieder da sind, als wäre nichts gewesen. Es müssen endlich so viele Väter so lange Elternzeit nehmen, bis auch der/die letzte Arbeitgeber*in kapiert, dass es mindestens genauso ›riskant‹ ist, einen Mann Ende 20, Anfang 30 einzustellen wie eine Frau im gleichen Alter – wenn nicht riskanter, denn die reproduktive Phase endet bei Männer bekanntlich später. Erst dann sehen Vorgesetzte ein, nicht mehr nach Geschlecht einstellen zu *müssen*. Dann wiederum müsste der Kündigungsschutz für werdende Väter genauso greifen – und erst dann könnten sie in Ruhe in Monat 3 wieder erzählen, dass sie Nachwuchs erwarten.«

Wir sind noch immer ganz am Anfang.

Neulich in einer Dorfkneipe. Höre Sätze wie »An dem Abend konnte ich nicht, da musste ich auf die Kinder aufpassen« und »Nach der zweiten Impfung war meine Frau so krank und platt, ich musste sogar die Kinder abholen«. Dahergesagte, weiß Gott nicht böse gemeinte Sätze, die dennoch viel über die Rollenverteilung in den Köpfen aussagen. Ich merke: Spreche ich in Berlin oder in meinen Filterblasen mit Bekannten, komme ich mir manchmal rückständig vor, weil ich zu dem Thema nicht viel mehr Neues beizutragen habe als das, was viele Frauen bereits seit Jahren fordern und predigen. Spreche ich außerhalb bestimmter Bubbles darüber, gelte ich im besten Falle als progressiv – im schlechtesten Falle aber als einer, der Probleme macht, wo angeblich keine sind. Als Spaßbremse, wenn ich blöde Sprüche kommentiere. Ich stehe selbst im Zwiespalt: Einerseits fordere ich, den Mund aufzumachen, wenn Ungerechtigkeiten passieren oder überholte Sätze gesagt werden. Andererseits erspare auch ich mir Endlosdiskussionen, wenn etwa die Gartennachbarin meinem Sohn gegenüber immer wieder äußert, er sähe wegen seiner langen Haare doch wirklich wie ein Mädchen aus. Ich antworte lediglich mit Sätzen wie »Jungs mit langen Haaren sind doch seit Jahrzehnten nun wirklich keine Ausnahme mehr …«. Denn: Sie meint es ja nicht böse. Aber sie bestärkt dadurch Überholtes, dem sich mein Kind nicht entziehen kann.

Wir sind noch immer ganz am Anfang.

Apropos Garten: Während ich dieses Buch schrieb, wurden wir Kleingärtner*innen. Um mal aus der Stadt rauszukommen und eine gemeinsame neue Aufgabe zu stemmen. Es deutet sich an, dass alle Klischees über Laubenpieperei stimmen: Wir entern mit Einfahrt in die Kolonie jedes Mal eine andere Welt, in der einige der Themen, die in diesem Buch behandelt werden, wohl belächelt oder Unverständnis ernten würden. Beim Kennenlernen fragt der Vereinsvorstand mich, was ich beruflich mache – meine Frau wird nicht gefragt. Gleichzeitig flüstert man sich über die Hecke zu, dass, wenn es um Handwerk und gröbere Arbeiten unserer Vorpächter*innen geht, »der nichts gemacht hat in seinem Garten«. Von ihr ist nicht die Rede. Dabei ist unsere Rollenverteilung auch hier weitgehend egalitär: Ja, ich bringe zwar den Sperrmüll zum Schrottplatz und meine Frau sortiert die alten Teller in der Küche aus. Aber die Glaswolldämmung und Holzverkleidung haben wir gemeinsam rausgerissen. Der Elektriker kommentiert derweil seine pinke Sprühfarbe mit dem Spruch: »Hier was für die Mädchen.«

Wir sind noch immer ganz am Anfang.

Auf Twitter regte ich mich neulich wieder auf – über Erwartungshaltungen und über mich selbst. Ein User schrieb: »Wisst ihr, was Kinder wirklich brauchen? Entspannte Eltern!« Er meinte das empowernd. Mir und bestimmt vielen anderen Elternteilen macht eine derartige Forderung aber Druck. Druck, zwischen all dem Alltagsstress den Grund für fehlende Gelassenheit bei sich selbst finden zu müssen. Auch ich bin leider viel zu oft viel zu schnell viel zu gestresst und genervt von unserer an sich ja guten Situation. Ich wäre gerne entspannter, glaubt mir, und ich bin mir auch sicher, dass meinen Kindern das gefallen würde. Aber Vereinbarkeitskompromisse zwischen Arbeit, Haushalt, Erziehung, Schulsystem, Kita – kurzum: das an Nerven und Energie zehrende Leben, in dem wir alle funktionieren sollen – lässt dies nur bedingt zu. Erinnert ihr euch an den von mir zitierten Spruch »Euer Alltag ist ihre Kindheit«? Der sagt das Gleiche aus: »Reißt euch gefälligst am Riemen, Eltern, beschwert euch nicht, funktioniert.« Versagensängste und Druck werden damit potenziert anstatt genommen. Danke für nichts.

Trotzdem mache ich es mir zu einfach, wenn ich den Grund für Probleme ausschließlich im Strukturellen sehe: Mir graut vor der Planung familiärer Unternehmungen, weil sie viel zu oft in Stress enden. Ich bin wie alle anderen Väter: Mein Alltag ist von Anstrengungsvermeidung bestimmt. Ich mag ein anwesenderer Vater sein, aber dadurch bin ich nicht gleich ein perfekter. Ich habe hier an keiner Stelle aufgeschrieben, was aus mir oder anderen Vätern einen perfekten Ehemann machen würde. Wer die angesprochenen Themen ernst nimmt, wird vielleicht ein bewussterer Vater, der seine Privilegien reflektiert und seine Frau nicht jeden Mist abseits der Erwerbsarbeit allein machen lässt. Was nicht heißt, dass man nicht trotzdem viel zu oft in alte Muster zurückfällt.

Wir sind noch immer ganz am Anfang.

Wenn ich zum Beispiel meine Familie besuche, setze ich mich gerne an den gedeckten Tisch. Ich bin doch Gast, ich will mich dann immer wieder ein bisschen so sorglos fühlen wie als Teenager (obwohl es natürlich ein Trugschluss ist, dass man als Teenager keine Sorgen gehabt hätte). Ich freue mich über alles, was nicht ich erledigen oder bedenken muss. Das wiederum ist, glaube ich, keine typisch männliche Eigenschaft. Wer will nicht gerne in den Tag hineinleben, wohlwissend, dass andere sich kümmern? Jede*r. Auch und gerade Frauen. Das ist der tägliche und ewige Kampf, den sie kämpfen müssen, das ist die große Ungerechtigkeit, um die es hier auf jeder Seite geht. Nur wissen Frauen, dass ihre Arbeit niemand macht oder zu oft nur so hinrotzt, wenn sie es nicht selbst tun. So war es im Privaten und Gesellschaftlichen schon immer, so wird es bleiben. Solange care-arbeitende Mütter (oder in selteneren Fällen Väter) nicht den Karren vor die Wand fahren lassen und/oder es mit Mareice Kaiser halten: »Trennung kommt mir immer noch viel zu wenig als Option vor«, schrieb sie mir, als ich sie für mein Blog zum Thema Mental Load interviewte. Sie meinte gewiss privilegiertere Frauen damit – schließlich gibt es genug, die sich eine Trennung zum Beispiel aus finanziellen Gründen oder Angst vor häuslicher Gewalt nicht erlauben können. Patricia Cammarata hat sich getrennt. Wegen all der Last, die in der Partnerschaft auf ihr lag, noch bevor es einen Begriff dafür gab, sagt sie. Viel zu oft gehen Männer weiterhin als Gewinner hervor: Sie sind es, die aufstehen können und gehen, wie es sich Antonia Baum für sich selbst wünscht, als sie ihr Buch *Stillleben* mit den Sätzen beginnt, warum auch sie gerne ein Mann wäre. Frauen stehen nicht auf und gehen. Sie bleiben und machen den Scheiß dann halt allein.

Bei uns zu Hause ist das oft nicht anders. Wir laden Gäste ein. Ich würde Bier und Wein kaufen und Pizza bestellen. Sie aber kocht und macht und brutzelt und dekoriert und hat Stress im doppelten Sinne – den des Daran-Denkens und den der Umsetzung. Oder in der Laube: Sie plant die notwendigen Handwerksarbeiten zielgerichtet in ihrer richtigen Reihenfolge und später die Inneneinrichtung – ich suche Handwerker*innen, leihe Werkzeuge im Baumarkt und schleppe später die Möbel. So geht es bei uns noch immer viel zu oft: Ich erledige alles, führe aus, denke an Alltägliches. Sie denkt voraus und macht es schön. Ich wäre gerne der, der das auch macht und will und Ideen hat und Leidenschaft für »solche Dinge«. Habe ich aber nicht. Ich bin nicht wie alle anderen und nicht wie der, der ich gerne wäre und zu oft vorgebe zu sein. Ich schaffe es nicht, das zu ändern. Warum nicht? Was ist da in mir drin, dass ich bei allem Bewusstsein für das eigentlich Richtige das Falsche nicht rauskriege? Wurde auch ich zu oft von Frauen bedient? Hat es sich mein Unterbewusstsein in den alten, gelernten Rollenbildern zu bequem gemacht? Gibt es auch bei mir kein Wissens-, aber ein Handlungsdefizit? Oder gar beides? Ich befürchte, die Antworten lauten: ja, ja, ja und ja.

Auch ~~wir sind~~ ich stehe noch immer ganz am Anfang.

Es ist doch eigentlich ganz einfach: Zu viele von uns leben noch wie ihre Eltern. Haben die Rollen übernommen, die die Gesellschaft ihnen aufdrückt, weil man mit ihnen am scheinbar leichtesten durchs Leben kommt. Aber wir wollen nicht so leben wie unsere Eltern, die teilweise nicht anders konnten. Viele von uns können heute anders leben. Warum also leben und arbeiten wir versuchsweise nicht so, wie wir es uns auch für unsere eines Tages erwachsen gewordenen Kinder wünschen? Auch sie werden unsere Rollen übernehmen. Und dann hoffentlich das Zeug an die Hand bekommen haben, sich freier zu überlegen, ob sie auch wie ihre Eltern leben wollen oder doch ganz anders.

Ich finde: Das wäre doch ein guter Anfang. Ein gutes Ende für dieses Buch ist ein Zitat von Die-Ärzte-Sänger Farin Urlaub aus dem Song »Deine Schuld«: »Es ist nicht deine Schuld, dass die Welt ist, wie sie ist, es ist nur deine Schuld, wenn sie so bleibt.« No pressure intended!

Anmerkungen

1 Isabel Mezger: »Männer bewegen sich oft in einer Einbahnstraße aus Karriere und Statuserwerb«, www.spiegel.de/kultur/robert-franken-maenner-bewegen-sich-oft-in-einer-einbahnstrasse-aus-karriere-und-statuserwerb-a-e2036632-ec00-467d-8636-8ac66f9e5950, zuletzt aufgerufen am 1. Dezember 2021.

2 www.bmfsfj.de/resource/blob/186176/5ce7892cc4d0ea903321b7ee32e46a52/vaeterreport-update-2021-data.pdf, zuletzt aufgerufen am 1. Dezember 2021.

3 Roßbach, Henrike: »Papa will mehr«, www.sueddeutsche.de/politik/vaeterreport-2021-familienministerium-1.5430995, zuletzt aufgerufen am 1. Dezember 2021.

4 Ines Schipperges und Jana Gioia Baurmann: »Dabei wollen sie es doch auch«, www.zeit.de/arbeit/2021-11/elternzeit-regeln-dauer-urlaub-rechte, zuletzt aufgerufen am 1. Dezember 2021.

5 Die hier genannten Zahlen stammen aus dem Dritten Gleichstellungsbericht der Bundesregierung von 2021, www.bmfsfj.de/bmfsfj/service/publikationen/dritter-gleichstellungsbericht-184546, zuletzt aufgerufen am 1. Dezember 2021.

6 www.destatis.de/DE/Presse/Pressemitteilungen/2021/03/PD 21_106_621.html, zuletzt aufgerufen am 1. Dezember 2021.

7 Rudi Novotny: »Was ist bloß mit den Vätern los?«, www.zeit.de/2018/26/vereinbarkeit-familie-beruf-maenner-vaeter-zufriedenheit, zuletzt aufgerufen am 1. Dezember 2021.

8 Anna Machin: »Papa werden – Die Entstehung des modernen Vaters«, Verlag Antje Kunstmann, München 2020.

9 Gernot Kramper: »Ende eines patriarchalen Mythos – Frauen gingen in der Steinzeit auf die Jagd«, www.stern.de/digital/technik/ende-eines-patriarchalen-mythos---frauen-waren-in-der-steinzeit-jaegerinnen-9516676.html, zuletzt aufgerufen am 1. Dezember 2021.

10 Randall Haas et al.: »Female hunters of the early Americas«, in: ScienceAdvances 6 (2020), H. 45, DOI: 10.1126/sciadv.abd0310, zuletzt aufgerufen am 1. Dezember 2021.

11 Jesper Juul: »Mann & Vater sein«, Herder, Freiburg im Breisgau 2017.

12 »Gleichberechtigung wird Gesetz«, in: https://www.bpb.de/politik/hintergrund-aktuell/271712/gleichberechtigung, zuletzt aufgerufen am 1. Dezember 2021.

13 »Wunsch und Wirklichkeit: Arbeitszeit von Männern und Frauen klaffen auseinander«, www.bertelsmann-stiftung.de/de/themen/aktuelle-meldungen/2021/maerz/arbeitszeit-von-maennern-und-frauen-wunsch-und-wirklichkeit-klaffen-auseinander#link-tab-187629-10, zuletzt aufgerufen am 1. Dezember 2021.

14 www.bmfsfj.de/resource/blob/186176/81ff4612aee448c7529f775e60a66023/
vaeterreport-update-2021-data.pdf, zuletzt abgerufen am 1. Dezember 2921.

15 Susanne Mierau:»Die Online-Eltern – warum es nicht schlimm ist, einem On-
line-Clan anzugehören«, https://geborgen-wachsen.de/2013/12/13/die-online-
eltern-warum-es-nicht-schlimm-ist-einem-onlineclan-anzugehoeren/, zuletzt aufgerufen am 1. Dezember 2021.

16 S. dazu Mareice Kaiser:»Das Unwohlsein der modernen Mutter«, Rowohlt Po-
laris, Berlin 2021.

17 S. dazu das Kapitel in diesem Buch»Was wäre, wenn wir alle nur noch zwanzig Stunden arbeiten würden?«.

18 Martin Schröder:»Wann sind wir wirklich zufrieden? Überraschende Er-
kenntnisse zu Arbeit, Liebe, Kindern, Geld«, C. Bertelsmann, München 2020.

19 Axel Rahmlow:»Glücklich mit stereotypen Geschlechterrollen«, www.
deutschlandfunkkultur.de/langzeitstudie-zur-zufriedenheit-gluecklich-mit-
stereotypen-100.html, zuletzt aufgerufen am 1. Dezember 2021.

20 Schröder wiederholt diese Aussagen über die Lebenszufriedenheit von Paaren sinngemäß in einem Spiegel-Interview aus dem Februar 2021: Alexander
Preker:»Wir sind zufrieden, wenn wir in Stereotypen leben«, www.spiegel.de/
panorama/gesellschaft/wann-maenner-und-frauen-gluecklich-sind-wir-
sind-zufrieden-wenn-wir-in-stereotypen-leben-a-a0ab2946-733b-4203-a46a-
d794d3a97558, zuletzt aufgerufen am 1. Dezember 2021.

21 Antonia Baum:»Stillleben«, Piper Verlag, München 2019.

22 Jacinta Nandi:»Die schlechteste Hausfrau der Welt«, Nautilus Flugschrift,
Hamburg 2020.

23 Fränzi Kühne,»Was Männer nie gefragt werden: ich frage trotzdem mal.«,
S. Fischer, Frankfurt 2021.

24 Sarah Cooper,»Wie Du erfolgreich wirst, ohne die Gefühle von Männern zu
verletzen«, Mentor Verlag, Berlin 2021.

25 Oliver Götz:»Feine Sahne Fischfilets Doku ›Wildes Herz‹ ist viel näher an dir
dran, als du glaubst«, www.musikexpress.de/feine-sahne-fischfilet-wildes-
herz-film-1044759/, zuletzt aufgerufen am 1. Dezember 2021.

26 Gemma Hartley:»Es reicht. Warum Familien- und Beziehungsarbeit nicht nur
Sache der Frau ist«, Goldmann, München 2020.

27 https://english.emmaclit.com/2017/05/20/you-shouldve-asked/, zuletzt aufgerufen am 1. Dezember 2021.

28 Patricia Cammarata:»Raus aus der Mental-Load-Falle. Wie gerechte Arbeitsteilung in der Familie gelingt«, Julius Beltz, Weinheim 2020; Laura Fröhlich:
»Die Frau fürs Leben ist nicht das Mädchen für alles. Was Eltern gewinnen,
wenn sie den Mental Load teilen«, Kösel-Verlag, München 2020.

29 https://dasnuf.de/der-grosse-mental-load-test-fuer-muetter/, zuletzt aufgerufen
am 1. Dezember 2021.

30 https://equalcareday.de/mentalload-test.pdf, zuletzt aufgerufen am 1. Dezember 2021.

31 Ulrich Beck:»Risikogesellschaft. Auf dem Weg in eine andere Moderne«, Suhr-
kamp, Frankfurt 1986, S. 169.

32 »Anteil der Nutzer von Social-Media-Plattformen nach Altersgruppen in
Deutschland im Jahr 2020«, https://de.statista.com/statistik/daten/stu-
die/543605/umfrage/verteilung-der-nutzer-von-social-media-plattformen-
nach-altersgruppen-in-deutschland/, zuletzt aufgerufen am 1. Dezember 2021.

33 Britta Wintgens: »Phänomen Tradwives: Warum die Anti-Feminismus-Bewegung gerade auf Instagram boomt«, www.elle.de/tradwives-anti-feminismusbewegung, zuletzt aufgerufen am 1. Dezember 2021.
34 Shell Jugendstudie 2019, www.shell.de/ueber-uns/shell-jugendstudie/_jcr_content/par/toptasks.stream/1570708341213/4a002dff58a7a9540cb9e-83ee0a37a0ed8a0fd55/shell-youth-study-summary-2019-de.pdf, zuletzt aufgerufen am 1. Dezember 2021.
35 https://projekte.sueddeutsche.de/artikel/kultur/gender-wie-gleichberechtigt-sind-kinderbuecher-e970817/, zuletzt abgerufen am 1. Dezember 2021.
36 www.facebook.com/tagesschau/photos/a.10151270623184407/101596489 46609407/, zuletzt aufgerufen am 1. Dezember 2021.
37 »Parenthood as a driver of increased gender inequality during COVID-19? Exploratory evidence from Germany« (2020), in: »Lockdown parenting widens gender gap«, www.wzb.eu/de/node/69745, zuletzt aufgerufen am 1. Dezember 2021.
38 »Coronavirus and care: How the coronavirus crisis affected fathers' involvement in Germany«, www.demographic-research.org/volumes/vol44/4/, zuletzt aufgerufen am 1. Dezember 2021.
39 »Home Office kann klassische Rollenbilder fördern«, https://initiatived21.de/studie-digitales-leben-homeoffice-kann klassische-rollenbilder-foerdern/, zuletzt aufgerufen am 1. Dezember 2021.
40 »Homeoffice und mobiles Arbeiten – ein Überblick«, https://de.statista.com/themen/6093/homeoffice/, zuletzt aufgerufen am 1. Dezember 2021.
41 »(Digital) arbeiten 2020: Chancengerecht für alle?«, www.kompetenzz.de/aktivitaeten/arbeiten2020, zuletzt aufgerufen am 1. Dezember 2021.
42 »Erwerbstätige Mütter tragen Hauptlast zusätzlicher Sorgearbeit in Corona-Zeiten – Forscherinnen warnen vor langfristigen Nachteilen«, www.boeckler.de/de/pressemitteilungen-2675-23628.htm, zuletzt aufgerufen am 1. Dezember 2021.
43 Tom Lamont: »›I had no idea about the hidden labour‹: Has the pandemic changed fatherhood for ever?«, www.theguardian.com/lifeandstyle/2021/feb/20/i-had-no-idea-about-the-hidden-labour-has-the-pandemic-changed-fatherhood-for-ever, zuletzt aufgerufen am 1. Dezember 2021.
44 Jana Anzlinger: »Wir werden in ein, zwei Jahren sehen, wie einschneidend Corona für viele Frauen war«, www.sueddeutsche.de/panorama/corona-krise-chancengleichheit-arbeit-frauentag-1.5226885, zuletzt aufgerufen am 1. Dezember 2021.
45 »Anzahl der Familien in Deutschland von 1996–2019«, https://de.statista.com/statistik/daten/studie/2281/umfrage/anzahl-der-familien-in-deutschland/, zuletzt aufgerufen am 1. Dezember 2021. Die Familie im statistischen Sinn umfasst laut Statistischem Bundesamt »alle Eltern-Kind-Gemeinschaften, d. h. Ehepaare, nichteheliche gleich- und gemischtgeschlechtliche Lebensgemeinschaften sowie alleinerziehende Väter und Mütter mit ledigen Kindern im Haushalt. Einbezogen sind in diesen Familienbegriff neben leiblichen Kindern auch Stief-, Pflege- und Adoptivkinder ohne Altersbegrenzung.«
46 https://twitter.com/ebonyplusirony?s=20, zuletzt eingesehen am 1. Dezember 2021.
47 »Debatte über rechte Verlage auf der Buchmesse weitet sich aus«, www.spiegel.de/kultur/literatur/frankfurter-buchmesse-2021-absage-von-jasmina-kuhnke-wegen-rechter-verlage-a-90d50374-1358-48cf-9673-332f3e17fd9b, zuletzt aufgerufen am 1. Dezember 2021.

48 Ann-Katrin Müller und Laura Backes: »Die Akte Mockridge«, www.spiegel.de/
kultur/tv/luke-mockridge-ines-anioli-spricht-ueber-die-vergewaltigungsvor-
wuerfe-a-710975a9-dc42-471c-956c-8e81144cdb60, zuletzt aufgerufen am
1. Dezember 2021.
49 https://www.instagram.com/p/CS2OvdWgU3N/, zuletzt aufgerufen am 1. Dezember 2021.
50 Frank Decker: »Wahlergebnisse und Wählerschaft der AfD«, www.bpb.de/
politik/grundfragen/parteien-in-deutschland/afd/273131/wahlergebnisse-
und-waehlerschaft, zuletzt aufgerufen am 1. Dezember 2021.
51 JJ Bola: »Sei kein Mann. Warum Männlichkeit ein Albtraum für Jungs ist.« Aus
dem Englischen von Malcolm Ohanwe. Hanserblau, Berlin 2020.
52 Jonathan Fischer: »Na, biste am Händchenhalten?«, www.sueddeutsche.de/
kultur/jj-bola-maennlichkeit-interview-1.5022171, zuletzt aufgerufen am 1. Dezember 2021.
53 Charlotte Diehl: »Die Sexismus-Debatte im Spiegel wissenschaftlicher Er-
kenntnisse«, httwww.bpb.de/apuz/178670/die-sexismus-debatte-im-spiegel-
wissenschaftlicher-erkenntnisse, zuletzt aufgerufen am 1. Dezember 2021.
54 Alexandra Zykunov: »Wir sind doch alle längst gleichberechtigt! 33 Bullshitsätze und wie wir sie endlich zerlegen«, Ullstein, 2022.
55 https://rp-online.de/panorama/deutschland/statistisches-bundesamt-mehr-
muetter-in-deutschland-gehen-arbeiten_aid-50423081, zuletzt aufgerufen am
1. Dezember 2021.
56 Agnes Blome und Kai-Uwe Müller: »Gekommen, um (unterrepräsentiert) zu
bleiben? Frauenanteil im Deutschen Bundestag stagniert seit über 20 Jahren
bei einem Drittel«, in: DIW-Wochenbericht 43/2021, www.diw.de/de/
diw_01.c.827415.de/publikationen/wochenberichte/2021_43_1/gekommen__
um__unterrepraesentiert__zu_bleiben__frauenanteil___n_bundestag_sta-
gniert_seit_ueber_20_jahren_bei_einem_drittel.html, zuletzt aufgerufen am
10. Dezember 2021.
57 www.deutschlandfunkkultur.de/paritaet-proporz-kabinett-scholz-100.html,
zuletzt aufgerufen am 15. Dezember 2021.
58 https://www.spd.de/fileadmin/Dokumente/Koalitionsvertrag/Koalitionsver-
trag_2021-2025.pdf, S. 112, zuletzt aufgerufen am 1. Dezember 2021.
59 Robert Habeck: »Verwirrte Väter, oder: Wann ist der Mann ein Mann?«, Gü-
tersloher Verlagshaus, Gütersloh 2008.
60 »Frauen sind die wahren Heldinnen in der Krise – erzählen uns Männer«,
https://malisastiftung.org/frauen-sind-die-wahren-heldinnen-in-der-krise-
erzaehlen-uns-maenner/, zuletzt aufgerufen am 1. Dezember 2021.
61 Ulrike Knöfel, Claudia Voigt: »Männer erklären, wie systemrelevant Frauen
sind«, www.spiegel.de/kultur/corona-krise-und-medienpraesenz-maenner-
erklaeren-wie-systemrelevant-frauen-sind-a-d5fb4b50-4236-4dd6-b850-
7770f56ddedo, zuletzt aufgerufen am 1. Dezember 2021.
62 Jochen König: »Mütter kümmern sich um Kinder, Väter besteigen Gipfel«,
https://jochenkoenig.net/2020/02/02/muetter-kuemmern-sich-um-kinder-
vaeter-besteigen-gipfel/, zuletzt aufgerufen am 1. Dezember 2021.
63 Ruth von Doornik: »Einer für alle«, www.brigitte.de/barbara/leben/martin-
speer--wir-brauchen-feministische-maenner-12436280.html, zuletzt aufgerufen am 1. Dezember 2021.

64 Frei nach Stand-up-Künstler Moritz Neumeier, der T-Shirts mit dem Spruch verkauft:»Das ist nicht links. Sondern logisch.«

65 www.instagram.com/p/COxuAUQl53B/, zuletzt aufgerufen am 1. Dezember 2021.

66 www.bmfsfj.de/bmfsfj/service/publikationen/vaeterreport-update-2021-186180, zuletzt abgerufen am 1. Dezember 2021.

67 www.forsakringskassan.se/privatpers/e-tjanster-blanketter-och-informationsmaterial/aktuella-belopp, zuletzt aufgerufen am 1. Dezember 2021.

68 Anneli Rüling und Karsten Kassner: Familienpolitik aus der Gleichstellungsperspektive. Ein europäischer Vergleich. Berlin: Friedrich-Ebert-Stiftung 2007.

69 Richard Orange:»All dads together: my new life among Sweden's latte pappas«, www.theguardian.com/money/2012/nov/18/swedish-latte-pappa-sharedchildcare, zuletzt aufgerufen am 1. Dezember 2021.

70 Cristina Saldana:»Something to celebrate for new fathers in Spain, as paternity leave extended to 16 weeks«, https://english.elpais.com/spanish_news/2021-01-06/something-to-celebrate-for-new-fathers-in-spain-as-paternity-leave-extended-to-16-weeks.html, zuletzt aufgerufen am 1. Dezember 2021.

71 www.n-tv.de/panorama/Japanischer-Minister-sorgt-fuer-Sensation-article21516781.html, zuletzt aufgerufen am 1. Dezember 2021.

72 Krahl, Marco:»Woran erkennt man einen guten Vater?«, www.menshealth.de/dad/partner-family/woran-erkennt-man-einen-guten-vater/, zuletzt aufgerufen am 1. Dezember 2021.

73 www.instagram.com/p/COzj87lHHnS/, zuletzt aufgerufen am 1. Dezember 2021.

74 Sabine Menkens:»Gute Bindung des Kindes an den Vater besonders wichtig«, www.welt.de/politik/deutschland/plus232147335/Erziehung-Darum-ist-eine-gute-Bindung-an-den-Vater-besonders-wichtig.html, zuletzt aufgerufen am 1. Dezember 2021.

75 Francesca Colantuoni, Wahi Diome-Deer, Karl Moore, Shaibyaa Rajbhandari und Gila Tolub:»A fresh look a paternity leave: Why the benefits extend beyond the personal«, www.mckinsey.com/business-functions/people-and-organizational-performance/our-insights/a-fresh-look-at-paternity-leave-why-the-benefits-extend-beyond-the-personal, zuletzt aufgerufen am 1. Dezember 2021.

76 www.zeit.de/politik/2021-04/berlin-mietendeckel-urteil-bundesverfassungsgericht-mietpreisbremse-nachrichtenpodcast, zuletzt aufgerufen am 1. Dezember 2021.

77 Jenn A. Leiferman u. a.:»Anxiety among fathers during the prenatal and postpartum period: a meta-analysis«, in: Journal of Psychosomatic Obstetrics & Gynecology 42,2 (2021), S. 152–161, DOI: 10.1080/0167482X.2021.1885025.

78 Dr. Karen Zoufal:»Elternschaft belastet die Psyche vieler junger Väter«,www.aponet.de/artikel/elternschaft-belastet-die-psyche-vieler-junger-vaeter-23729, zuletzt aufgerufen am 1. Dezember 2021.

79 Isabel Mezger:»Männer bewegen sich oft in einer Einbahnstraße aus Karriere und Statuserwerb«, www.spiegel.de/kultur/robert-franken-maenner-bewegen-sich-oft-in-einer-einbahnstrasse-aus-karriere-und-statuserwerb-a-e2036632-ec00-467d-8636-8ac66f9e5950, zuletzt aufgerufen am 1. Dezember 2021.

80 https://vaeter-ggmbh.de/wp-content/uploads/2020/02/Va%CC%88ter-Summit_Pra%CC%88sentation_CawaYounosi_final.pdf, zuletzt aufgerufen am 1. Dezember 2021.

81 Für das Folgende Alfons Frese: »Warum SAP jetzt Väter stärker fördert«, www. tagesspiegel.de/wirtschaft/gluecklich-und-profitabel-warum-sap-jetzt-vaeter-staerker-foerdert/25340848.html, zuletzt aufgerufen am 1. Dezember 2021.

82 https://de.statista.com/statistik/daten/studie/13441/umfrage/entwicklung-der-jaehrlichen-anzahl-krankheitsbedingter-fehltage-je-arbeitnehmer/, zuletzt aufgerufen am 1. Dezember 2021.

83 https://de.statista.com/statistik/daten/studie/731859/umfrage/unternehmen-in-deutschland-nach-unternehmensgroesse/, zuletzt aufgerufen am 1. Dezember 2021.

84 www.destatis.de/DE/Themen/Branchen-Unternehmen/Unternehmen/Klei ne-Unternehmen-Mittlere-Unternehmen/aktuell-beschaeftigte.html;jsessionid=BB83643A115D46F9872F9241EDBA7AFF.live721, zuletzt aufgerufen am 1. Dezember 2021.

85 »Junge Investment-Banker klagen über 100-Stunden-Wochen«, www.spiegel. de/wirtschaft/unternehmen/goldman-sachs-mitarbeiter-klagen-ueber-100-stunden-plus-wochen-a-458f0374-ea2d-4d48-a6e9-cdc8b137883b, zuletzt aufgerufen am 1. Dezember 2021.

86 Christoph Koch: »Was wäre, wenn… wir alle nur noch 20 Stunden pro Woche arbeiteten?«, www.brandeins.de/magazine/brand-eins-wirtschaftsmagazin/2018/reset/was-waere-wenn-wir-alle-nur-noch-20-stunden-arbeiteten, zuletzt aufgerufen am 1. Dezember 2021.

87 Ein Claim, den auch die Organisation gegen Sexismus Pinkstinks nutzt.

88 Marco Krahl: »Warum Väter in Deutschland nach der Geburt kaum frei bekommen«, www.menshealth.de/dad/job-care/warum-vaeter-in-deutschland-nach-der-geburt-kaum-frei-bekommen/, zuletzt aufgerufen am 1. Dezember 2021.

89 www.welt.de/wirtschaft/karriere/article224994043/Vaterschaftsurlaub-in-Deutschland-Hoffnung-fuer-mehr-Geschlechter-Gerechtigkeit.html, zuletzt aufgerufen am 1. Dezember 2021.

90 https://frauen.dgb.de/themen/++co++e6d9e714-5fb0-11eb-b0d0-001a4 a160123, zuletzt abgerufen am 1. Dezember 2021.

91 https://www.spd.de/fileadmin/Dokumente/Koalitionsvertrag/Koalitionsver trag_2021-2025.pdf, hier S. 101, zuletzt aufgerufen am 1. Dezember 2021.

92 www.destatis.de/DE/Themen/Arbeit/Arbeitsmarkt/Qualitaet-Arbeit/Dimen sion-3/elternzeit.html, zuletzt aufgerufen am 1. Dezember 2021.

93 Ines Schipperges / Jana Gioia Baurmann: »Dabei wollen sie es doch auch«, www.zeit.de/arbeit/2021-11/elternzeit-regeln-dauer-urlaub-rechte, zuletzt aufgerufen am 1. Dezember 2021.

94 Ebd.

95 Teresa Bücker: »Ist es radikal, alle Väter in Elternzeit zu schicken?«, https://sz-magazin.sueddeutsche.de/freie-radikale-die-ideenkolumne/vaeter-eltern-zeit-88165, zuletzt aufgerufen am 1. Dezember 2021.

96 Alard von Kittlitz: »Die Babopflicht«, www.zeit.de/2020/27/vaeter-elternzeit-pflicht-arbeitsmarkt-gleichstellung, zuletzt aufgerufen am 1. Dezember 2021.

97 Jochen König: »Die meisten Väter sind unwillig, ihren Anteil zu leisten«, www. zeit.de/arbeit/2020-06/vaeter-corona-krise-erziehung-familienpolitik, zuletzt aufgerufen am 1. Dezember 2021.

98 www.facebook.com/jochen.konig.921/posts/10158364817641897?comment_ id=10158364822486897, zuletzt aufgerufen am 1. Dezember 2021.

99 Ann-Kathrin Eckardt und Henrike Roßbach: »Das Steuerfossil«, in: https://projekte.sueddeutsche.de/artikel/politik/ehegattensplitting-das-steuerfossil-e879939/?reduced=true, zuletzt aufgerufen am 1. Dezember 2021.

100 www.handelsblatt.com/politik/deutschland/steuerreform-ehegattensplitting-abschaffung-koennte-500-000-jobs-bringen/27302902.html, zuletzt aufgerufen am 1. Dezember 2021.

101 Newsletter vom 22. Juni 2021, https://checkpoint.tagesspiegel.de/langmeldung/14fcb1G9bY9Gbg35zRC9IJ, zuletzt aufgerufen am 15. Dezember 2021.

102 www.rnd.de/wirtschaft/abschaffung-des-ehegattensplittings-koennte-500-000-menschen-in-arbeit-bringen-5QXWMVFWEJAG3KX6ASIQWG7TFY.html, zuletzt aufgerufen am 1. Dezember 2021.

103 www.focus.de/finanzen/boerse/rwi-studie-abschaffung-des-ehegattensplittings-koennte-1-5-prozent-wirtschaftswachstum-bringen_id_13421278.html, zuletzt aufgerufen am 1. Dezember 2021.

104 www.tagesspiegel.de/berlin/ungleichbehandlung-von-kindern-und-erzieherinnen-berliner-kitas-koennen-luftfilter-foerderung-bekommen-zwei-bezirke-weigern-sich/27388064.html, zuletzt aufgerufen am 1. Dezember 2021.

105 www.tagesschau.de/wirtschaft/verbraucher/koalitionsplaene-verbraucherauswirkungen-101.html, zuletzt aufgerufen am 1. Dezember 2021.

106 www.gleichstellungsbericht.de/de/topic/24.themenbl%C3%A4tter-zum-gut achten.html, zuletzt aufgerufen am 1. Dezember 2021.

107 https://twitter.com/dasnuf/status/1366376892882944007, zuletzt aufgerufen am 1. Dezember 2021.

108 https://de.statista.com/infografik/24809/hoehe-des-gender-care-gaps-in-deutschland/, zuletzt aufgerufen am 1. Dezember 2021.

109 »Parenthood as a driver of increased gender inequality during COVID-19? Exploratory evidence from Germany« (2020), in: »Lockdown parenting widens gender gap«, www.wzb.eu/de/node/69745, zuletzt aufgerufen am 1. Dezember 2021.

110 www.emma.de/artikel/manifest-care-arbeit-bezahlen-337767, zuletzt aufgerufen am 1. Dezember 2021.

111 Lou Zucker: »Was Ihre Care-Arbeit wert ist (und warum niemand sie bezahlt)«, https://www.spiegel.de/psychologie/care-arbeit-was-ihre-hausarbeit-wert-ist-a-d81758d2-a232-42b6-a6c1-adde8faf3637, zuletzt aufgerufen am 1. Dezember 2021.

112 www.oxfam.de/system/files/2020_oxfam_ungleichheit_studie_deutsch_schatten-der-profite.pdf, zuletzt aufgerufen am 1. Dezember 2021.

113 www.destatis.de/DE/Methoden/WISTA-Wirtschaft-und-Statistik/2016/02/unbezahlte-arbeit-022016.pdf?__blob=publicationFile, zuletzt aufgerufen am 1. Dezember 2021.

114 www.destatis.de/DE/Themen/Wirtschaft/Volkswirtschaftliche-Gesamtrechnungen-Inlandsprodukt/Methoden/bip.html, zuletzt aufgerufen am 1. Dezember 2021.

115 www.destatis.de/DE/Presse/Pressemitteilungen/2021/03/PD21_106_621.html;jsessionid=8A5423C55B167BB0AF410DD0FC423027.live712, zuletzt aufgerufen am 1. Dezember 2021.

116 www.deutschlandfunk.de/kritik-an-frauenquote-in-unternehmen-wir-koennen-100.html, zuletzt aufgerufen am 1. Dezember 2021.

117 www.stern.de/politik/quotenfrauen/, zuletzt aufgerufen am 1. Dezember 2021.
118 www.diw.de/de/diw_01.c.808834.de/publikationen/wochenberichte/2021_03_4/
mindestbeteiligung_von_frauen__in_vorstaenden_ist_wichtiges_gleichstellungs-
politisches_signal__interview.html, zuletzt aufgerufen am 1. Dezember 2021.
119 https://de.statista.com/statistik/daten/studie/1376/umfrage/anzahl-der-
erwerbstaetigen-mit-wohnort-in-deutschland/, zuletzt aufgerufen am 1. Dezember 2021.
120 www.bpb.de/nachschlagen/zahlen-und-fakten/soziale-situation-in-deutsch-
land/61538/altersgruppen, zuletzt aufgerufen am 1. Dezember 2021.
121 https://twitter.com/buecherwurmloch/status/1425756876336254978, zuletzt
aufgerufen am 1. Dezember 2021.
122 www.gesetze-im-internet.de/agg/__1.html, zuletzt aufgerufen am 1. Dezember 2021.
123 www.instagram.com/p/CQiefTJHhAw/, zuletzt aufgerufen am 1. Dezember
2021.
124 https://proparentsinitiative.de/#faq, zuletzt aufgerufen am 1. Dezember 2021.
125 www.littleyears.de/blog/proparents-gegen-eltern-diskriminierung/, zuletzt
aufgerufen am 1. Dezember 2021.
126 https://twitter.com/wef/status/1404362987230707715, zuletzt aufgerufen am
1. Dezember 2021.
127 www.handelsblatt.com/finanzen/steuern-recht/steuern/grundeinkommen-
in-deutschland-die-vor-und-nachteile-des-bedingungslosen-grundeinkom
mens/25623926.html?ticket=ST-4512417-LRBXcQI7BP2iuLnbAjus-ap3, zuletzt aufgerufen am 1. Dezember 2021.
128 Almut Schnerring und Sascha Verlan:»Die Rosa-Hellblau-Falle. Für eine Kindheit ohne Rollenklischees«, Verlag Antje Kunstmann, München 2014.
129 Almut Schnerring und Sascha Verlan:»Rosa-Hellblau-Falle«, https://rosa-hell
blau-falle.de/rosa-hellblau-falle/, zuletzt aufgerufen am 1. Dezember 2021.
130 Birk Grüling:»Eltern als Team. Ideen eines Vaters für gelebte Vereinbarkeit«,
Kösel-Verlag, München 2021.
131 www.instagram.com/p/CPBckD7Fd63/, zuletzt aufgerufen am 1. Dezember 2021.
132 S. Kapitel »Eltern-Antidiskriminierungsgesetz«.
133 Mareice Kaiser:»Alles inklusive. Aus dem Leben mit meiner behinderten
Tochter.«, Frankfurt 2016.
134 Jutta Allmendinger:»Es geht nur gemeinsam! Wie wir endlich Geschlechtergerechtigkeit erreichen«, Berlin 2021.
135 Monika Dittrich:»Überzeugende Perspektiven für mehr Geschlechter-Ge-
rechtigkeit«, https://www.deutschlandfunk.de/jutta-allmendinger-es-geht-
nur-gemeinsam-ueberzeugende.1310.de.html?dram:article_id=490460, zuletzt aufgerufen am 1. Dezember 2021.
136 Jens Taschenberger:»Interview mit Prof. Jutta Allmendinger zu ihrem neuen
Buch für mehr Geschlechtergerechtigkeit«, www.chilli-freiburg.de/gesell-
schaft/interview-mit-prof-jutta-allmendinger-zu-ihrem-neuen-buch-fuer-
mehr-geschlechtergerechtigkeit/, zuletzt aufgerufen am 1. Dezember 2021.